Sprache ist das Interface
der Zukunft.
    Egal, ob im Mobile-Kontext,
    im Auto, im Smart Home,
    in der Fabrik oder im Büro.

Sprache ist das neue Wischen.
    Für Unternehmen,
    die in dieser neuen
    Sprachwelt mitreden wollen,
    ist Corporate Language die
    unverzichtbare Grundlage.

Also gut, dass Sie
bis jetzt gewartet haben.
    Noch besser,
    dass Sie jetzt starten.

Corporate Language
Das Praxisbuch

Damit das Buch leichter zu lesen
und verstehen ist, haben wir
die männliche Form gewählt.
Die Angaben beziehen sich
dennoch stets auf die Angehörigen
aller Geschlechter.
Ab Seite 168 finden Sie einen
Beitrag über gendergerechte Sprache.

Corporate Language
Das Praxisbuch

Warum Marken
in der digitalen Welt
eine stärkere
Stimme brauchen

Wie Sprache zum
Branding Tool für
Mittelstand und große
Unternehmen wird

Mit 12 Erfolgs-Cases
und vielen
Insider-Tipps

Armin Reins
Géza Czopf
Veronika Classen

verlag hermann schmidt

Ran an die Sprache.

Vorwort

Da hören Sie immer wieder: IKEA ist durch das Du als Marke einzigartig in der Kundenwahrnehmung. Das sorgt für mehr Nähe, mehr Loyalität, mehr Abverkauf. Bessere Markenkommunikation, bessere Zahlen. Sollen Sie jetzt auch das Du in Ihrem Unternehmen und für Ihre Marke einführen?

Da lesen Sie jetzt jeden Tag: Voice. Das Thema für die Zukunft. Sie wollen den Trend nicht verschlafen. Der da heißt: Sprechen ist das neue Wischen. Denn es gilt viel zu verlieren: Was, wenn Sie große Summen ins Marketing stecken. Und am Ende ist alles für umsonst und der Sprachassistent entscheidet, welche Marken Ihre Kunden bekommen.

Hilfe!

Sie naht in Form einer eigenen Sprache. Ihrer Corporate Language. Wie entsteht eine Corporate Language? Ganz konkret? Welchen Nutzen bringt sie? Und rechnet sich das Ganze überhaupt? Wen fragt man am besten um Rat? Wenn Sie Ihre Marke und Ihr Unternehmen sprachlich zukunftsfit machen wollen. Oder wenn Sie wissen wollen, was Sprache alles bewirken kann. Bei Sprachassistenten, Bots, Podcasts und KI.

Können nicht die Unternehmen und Marken, die das Ganze schon durchgeführt haben, aus dem Nähkästchen plaudern? Auf kritische Dinge hinweisen? Wertvolle Hinweise geben? Sie vor Fehlern schützen? Das Ganze in einfachen Worten als Rezept ausrollen? Sodass Sie von den Erfahrungen der anderen lernen können?

Bitteschön, hier ist genau das.
Das Praxisbuch. Aus der Praxis für Ihre Praxis.

Armin Reins
Géza Czopf
Veronika Classen
Hamburg, im Juli 2020

8	Sprache als Game Changer. von **Christian Daul**	64	KI, kannst du kreativ? von **Reinhard Karger**
10	Es geht um viel mehr als Verständlichkeit. Was ist eigentlich eine Corporate Language?	72	Wie aus gewöhnlichen Texten gelungene Texte werden. Zwölf Beispiele aus der Praxis.
16	Wie starten Sie einen erfolgreichen CL-Prozess? Eine Anleitung.	108	Bahnsinnig originell. Wie eine Unternehmenssprache entgleisen kann.
20	Die Roadmap zu einer Corporate Language. Der Weg in vier Schritten.	114	Nur eine konsistente Unternehmenssprache führt zu den gewünschten Ergebnissen. Interview mit **Thomas Michael Koller**
42	Über die Übung wacht der Meister. Wie eine Software hilft, die Corporate Language zu implementieren.	118	Case NIVEA Den Menschen in den Mittelpunkt stellen. Interview mit **Ralph Zimmerer**
48	Mensch, Maschine, sprich mit mir! Interview mit **Christian Hammerschmidt**	122	Case VODAFONE Die große Herausforderung ist das durchgängige Markenerlebnis. Interview mit **Gregor Gründgens**
56	Die Rückkehr der Ohren. Voice als das Interface der Zukunft. von **Christian Daul**	126	Case OTTO Wie erreichen wir, dass das Herz hüpft? Interview mit **Thomas Steck**

Inhalt 7

130 Case HANNOVER AIRPORT
     Sprache ohne Zwischenstopp.
         Interview mit
         Sönke Jacobsen

134 Case KNAPPSCHAFT
     Raus aus der Floskel-Falle.
         Interview mit
         Bettina am Orde

138 Case ASEAG
     Unsere Sprache ist
     unsere Visitenkarte.
         Interview mit
         Anne Körfer

142 Case MEDI
     Ein Text ist ja eigentlich
     ein schriftlich geführtes
     Gespräch.
         Interview mit
         Melissa Hobbs

146 Case GASNETZ HAMBURG
     Wir haben uns für
     eine bürgernahe Sprache
     entschieden.
         Interview mit
         Christiane Frilling

150 Case LEXWARE
     Die Lesegewohnheiten
     haben sich ganz klar
     geändert.
         Interview mit
         Jörg Frey

154 Case LUFTHANSA CARGO
     Die Unternehmenssprache
     transportiert die DNA
     der Unternehmenskultur.
         Interview mit
         Bettina Petzold

158 Case MATRIX 42
     Es musste gar nicht
     viel Überzeugungsarbeit
     geleistet werden.
         Interview mit
         Gisela Dauer

162 Case POSTBANK
     Sprache ist Service für
     den Kunden.
         Interview mit
         Regine Raabe und
         Waldtraud Sann

168 Warum gleich zu den
     Sternen greifen?
         Über Corporate Language und
         geschlechtergerechte Sprache.

184 Ihr CL-Spickzettel.
         Tipps aus der Praxis
         für die Praxis.

217 Danke.
218 Die Autoren.

220 Literaturliste.
221 Copyright.
222 Quellenangaben.
224 Impressum.

8

Sprache

als
Game Changer.

von
Christian Daul

Kennen Sie auch die beliebtesten Buzzword-Treffer im Corporate-Bullshit-Bingo? #Globalisierung #Skalierbarkeit #DigitaleTransformation? Natürlich sind sie nicht ohne Grund so beliebt. Sie drücken ein großes Bedürfnis aus. Etwas, das von Unternehmen und Marken und ihren Verantwortlichen mit schöner Regelmäßigkeit gefordert wird. Die gute Nachricht: In diesem Buch finden Sie nicht nur alles zum Thema Sprache, das Sie vor aufgeblasenen Buzzwords und unverständlichem Jargon-Gefasel schützen wird. Sie finden vor allem auch etwas, das diese drei Begriffe vereint und zu einer unerwarteten Lösung macht: Corporate Language. Sie ist ein echter Game Changer (das Buzzword musste noch sein, sorry. Spielwechsler klingt einfach nicht).

_____Wenn Sie Marken- oder Unternehmenswerte global konsistent über alle Touchpoints und in allen Kanälen steuern sollen, und das auch noch schnell, effizient und in allen Sprachen, dann werden Sie das CL-Modell nicht nur schätzen lernen. Sie werden es lieben. Sie verringern damit den Abstimmbedarf, verhindern Missverständnisse, beschleunigen Produktionen, vereinheitlichen Formate, schaffen bessere Identifikation, sprengen das Silo-Denken. Und das sowohl auf Auftraggeber- als auch auf Agentur-Seite. Zu schön, um wahr zu sein? Nein. Beweisbare Praxis. Wie die großen Unternehmen und wichtigen Mittelständler in diesem Buch belegen. Aber es kommt noch besser. Denn wir haben damit vorerst ja nur #Globalisierung und #Skalierbarkeit behandelt. Wie steht es um die allgegenwärtige #DigitaleTransformation? Was soll die Corporate Language damit zu tun haben? Eine ganze Menge.

Sie müssten eigentlich nur mal ALEXA, SIRI, GOOGLE oder CORTANA fragen. Nein, halt. Tun Sie es nicht. Die geben ihre Geheimnisse nicht so gerne preis. Unbestrittene Tatsache ist, dass Sprache das Interface der Zukunft ist. Egal, ob im Mobile-Kontext, im Auto, im Smart Home, in der Fabrik oder im Büro. Sprechen ist das neue Wischen. Nicht nur, weil man drei- bis viermal mal länger braucht, um etwas physisch einzugeben. Sondern weil die digitalen Assistenten immer intelligenter werden. Und uns damit künftig das Leben sehr viel leichter machen. Vom Einkauf bis zum Verkauf. Von Produktion bis Distribution. Aber die Grundlage ist eben immer Sprache. Wenn man als Marke oder Unternehmen in dieser neuen Sprachwelt »mitreden« will, dann ist eine Corporate Language unverzichtbar. Quasi Ihr digitales Alphabet. Ob der GOOGLE Mutterkonzern deshalb so heißt, ist schwer zu sagen. Aber eines ist sicher, Sprache öffnet Ihnen die Tür zur Zukunft. Mehr als manches hochtrabende Agile-Work-Transformations-Change-Werk jedenfalls. Das klingt vielleicht gut. Tut aber wenig. Sprache als Werkzeug kann vieles. Wenn sie richtig beherrscht wird. Punkt.

Es geht um
 viel mehr als
Verständlichkeit.

Was ist eigentlich
 eine
Corporate
 Language?

Wer vor der Entscheidung steht, ob für sein Unternehmen oder für seine Marke eine Corporate Language empfehlenswert ist, der steht erstmal vor der Frage: Was ist eigentlich eine Corporate Language? Sucht man im Netz, dann wird dort Corporate Language häufig auf »durchgängige Verständlichkeit« reduziert. Und als Grundlage werden Verständlichkeitsindizes genannt wie beispielsweise der »Hohenheimer Verständlichkeitsindex«. Solche Indizes sind rein darauf ausgerichtet, die Verständlichkeit eines Textes zu bewerten. Es wird also anhand einer Berechnung diverser Parameter folgendes Ergebnis ermittelt: Erfasst der Leser den Inhalt des Geschriebenen? Vielleicht noch in welcher Geschwindigkeit. Mehr nicht. Andere Textkriterien, vor allem inhaltlich-qualitative, werden nicht untersucht.

_____Damit wir uns nicht falsch verstehen: Die Verständlichkeit eines Textes ist fundamental wichtig. Sie ist Grundvoraussetzung dafür, dass ein Text überhaupt gelesen wird. Quasi ein Hygienefaktor. Und es ist auch nicht falsch, seine Texte – zum Beispiel mithilfe eines Text-Scanners – daraufhin zu untersuchen, ob sie die allgemeingültigen Verständlichkeitsregeln befolgen. Die Ergebnisse können aufzeigen, ob die bisherige Textqualität für die Lesegewohnheiten der heutigen Zielgruppen geeignet ist. Denn wie oft stoßen wir (besonders in der Kunden- oder Standardkommunikation) auf Texte, die noch aus den 1970er Jahren stammen: mit durchschnittlich 24 Wörtern pro Satz, voller Substantive, Doppel-Substantive, Modalformen, Passiv-Konstruktionen, Schachtelsätzen. Und all den anderen Gemeinheiten, die man früher dem Leser angetan hat. Pures Gift für die heutige Generation, die durchs Lesen im Internet und in Social Media geprägt ist.
　　　　Deshalb: Ein erster Blick auf die Verständlichkeit der bisher genutzten Texte ist richtig und wichtig. Aber die reine Erhöhung der Verständlichkeit ist auf keinen Fall mit einer Corporate Language gleichzusetzen.
　　　　Eine Corporate Language ist mehr. Sie hat ein weitergehendes Ziel. Sie muss gewährleisten, dass die Sprache eines Unternehmens exakt dessen Werte und Haltung wiedergibt. Und das nach Möglichkeit in jedem Text: online wie offline, geschrieben wie gesprochen, intern wie extern, Above-the-line wie Below-the-line, an allen Touchpoints. Weltweit. Für alle Zielgruppen. In allen Sprachen.
　　　　Die Corporate Language beantwortet unter anderen die Fragen: Kommuniziere ich nicht nur verständlich, sondern auch wirksam? Spreche ich meine Zielgruppen in ihrer Sprache an? Verwende ich eine Tonalität, die dem Markenbild meines Unternehmens gerecht wird?

Schaffe ich für mein Unternehmen oder meine Marke eine eigenständige, wiedererkennbare Sprache? Wird meine Sprache die Visitenkarte meines Unternehmens?

Jede Corporate Language ist deshalb unique. Sie zeichnet sich dadurch aus, dass sie sich von anderen Unternehmenssprachen unterscheidet. Entsprechend sollte übrigens auch eine elektronische Texthilfe individuell auf die definierte Unternehmens- oder Markensprache ausgerichtet sein. Sie sollte nicht nur die Verständlichkeit von Texten untersuchen, sondern vor allem auch deren Markenfit.

Die Definition von Corporate Language

Nach dieser notwendigen Abgrenzung kommen wir zum eigentlichen Thema: Was ist eine Corporate Language?

Der Begriff »Corporate Language« (CL) wurde 2006 von Armin Reins geprägt. In seinem gleichnamigen Buch entwickelte er ein Modell, wie Unternehmen und Marken durch Sprache ein unverwechselbares Gesicht bekommen. So wie eine Marke durch ein Corporate Design ein einheitliches, visuelles Gesicht bekommt, so verleiht ihr die Corporate Language eine charakteristische, unverwechselbare Sprache.

Diese berücksichtigt:
1. das »Was« im Sinne der Inhalte und der Wortwahl
2. das »Womit« im Sinne des Schreibstils
3. das »Wie« im Sinne der Tonalität

Die Definition von Corporate Language

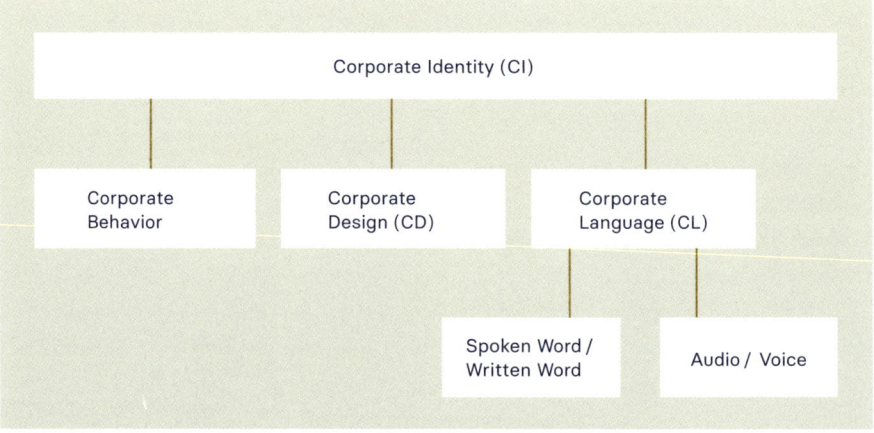

Credo
Jeder schriftliche und mündliche Text muss die Markenwerte erlebbar machen. Extern wie intern, offline wie online. Konsistent, wiedererkennbar, einzigartig.

Die Ziele einer Corporate Language

In Zeiten, in denen Marken und Produkte immer ähnlicher werden, wird es zunehmend wichtiger, sich auf andere Art zu differenzieren und zu positionieren. Heute gelingt das kaum noch über Farben (70 % aller B2B-Marken verwenden zum Beispiel Blau als Hausfarbe), Typografie, Layout und Bildwelten. Produktabbildungen erzeugen selten die gewünschte Emotion. Fotos, die den Kundennutzen darstellen sollen, sind meist austauschbar. Kein Wunder, oft stammen sie aus Bildarchiven, zu denen auch die Wettbewerber Zugang haben.

Wenn jedoch Produktabbildungen, Typografie, Layout und Bildwelt austauschbar sind, wer arbeitet dann den Mehrwert der Marke A im Vergleich zur Marke B heraus? Wer erklärt, warum das Produkt A deutlich teurer ist, als das Wettbewerbsprodukt B aus Fernost?

Sprache wird damit zum wichtigsten Differenzierungsmerkmal. Sprache hilft, scheinbar ähnliche Unternehmen, Produkte und Marken zu unterscheiden.

Sprache kann:
— die Frage beantworten: Wofür steht die Marke? Wer spricht mit mir?

— Unterschiede herausarbeiten.

— Vorsprung ausbauen: Eine markengerechte Sprache hebt das eigene Profil positiv vom Wettbewerb ab.

— Zielgruppen differenziert ansprechen.

— Werte klammern (wer z. B. den Wert »einfach« an sich binden möchte, muss auch einfach – im Sinne von leicht und verständlich – kommunizieren).

Aber Sprache kann noch viel mehr:
— Sie beschreibt Komplexes einfach.

— Sie »verdichtet« Informationen für Menschen, die immer weniger lesen, aber immer mehr erfahren wollen.

— Sie verwandelt Nicht-Anfassbares in Begreifbares.

— Sie übersetzt Experten-Sprache in Konsumenten-Sprache.

— Sie gewinnt Menschen, weil sie ihre Worte und ihren Tonfall trifft.

— Sie erzählt zu jedem Unternehmen, zu jedem Produkt und zu jeder Marke eine einzigartige Story.

Die vier Ziele einer Corporate Language

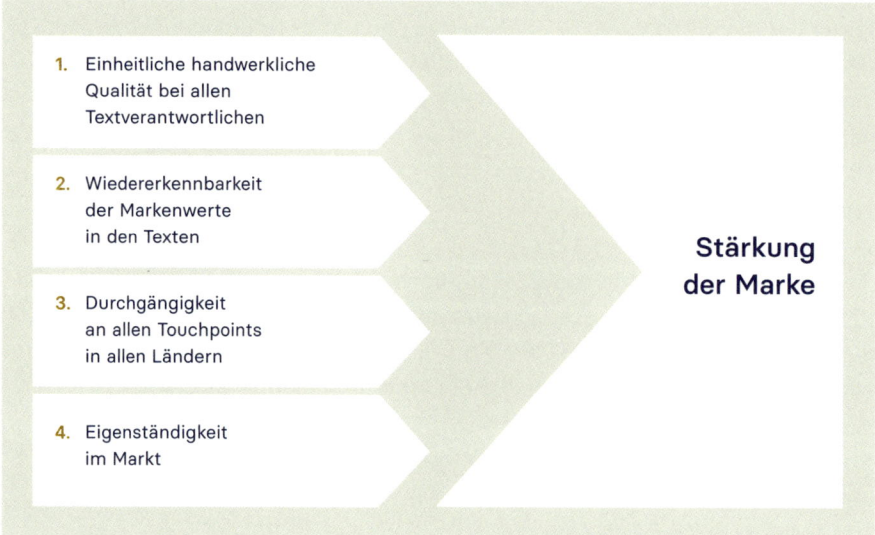

1. Einheitliche handwerkliche Qualität bei allen Textverantwortlichen
2. Wiedererkennbarkeit der Markenwerte in den Texten
3. Durchgängigkeit an allen Touchpoints in allen Ländern
4. Eigenständigkeit im Markt

→ Stärkung der Marke

Häufig sieht die Realität aber so aus: Eine austauschbare Sprache in unterschiedlichen Textqualitäten. Der Mehrwert wird nicht erlebbar.

Die Marke wird nicht als Ganzes wahrgenommen

Viele Texter	Viele Formate	Viele Zielgruppen	Viele Anlässe
Niederlassungen	Internet-Auftritt	Bestandskunden	Aktivieren
Agenturen	Präsentationen	Neukunden	Reklamieren
Content-Redaktionen	Anzeigen	Werbeagenturen	Kommunizieren
Marketing	Angebote	Journalisten	Motivieren
Hausanwalt	Mahnungen	Eigene Mitarbeiter	Porträtieren
Sekretariat	Sprachassistenten	Community	Präsentieren
Vertrieb	Social Media	Azubis	Informieren
HR	Broschüren	Stakeholder	
Vorstand	Geschäftsberichte	Öffentlichkeit	
	CRM		

Das Ergebnis:
Keine eigenständige Sprache und unterschiedliche Textqualitäten.

Die messbaren Vorteile einer Corporate Language

Markenwerte sind nur so gut wie ihre Vermittlung. Sie erreichen nur dann den Kunden, wenn sie in sämtlichen Texten klar verständlich und zielgerichtet kommuniziert werden. Wenn jeder geschriebene oder gesprochene Text die Markenwerte transportiert. Eine Corporate Language überführt die Markenpositionierung in eine Sprachpositionierung. Die Sprachpositionierung enthält Sprachleitlinien. Sie vereinheitlichen Wortwahl, Stil und Tonalität in sämtlichen Kommunikationsmitteln. Diese Einheitlichkeit und Durchgängigkeit im Text geben dem Kunden Orientierung und Vertrauen. Sie signalisieren ihm Nähe und Verständnis: »Die Marke spricht in einer, und zwar in meiner Sprache.«

Abgeleitet aus den Werten eines Unternehmens oder einer Marke sorgt eine Corporate Language für ein eigenständiges Profil. Und schafft dadurch Wiedererkennbarkeit in jedem Stück Kommunikation. Erst durch Corporate Language entsteht ein stimmiges Gesamtbild eines Unternehmens oder einer Marke. Und erst durch ein stimmiges Gesamtbild kann ein Unternehmen oder eine Marke das volle Potenzial entfalten.

Die fünf messbaren Vorteile der Corporate Language

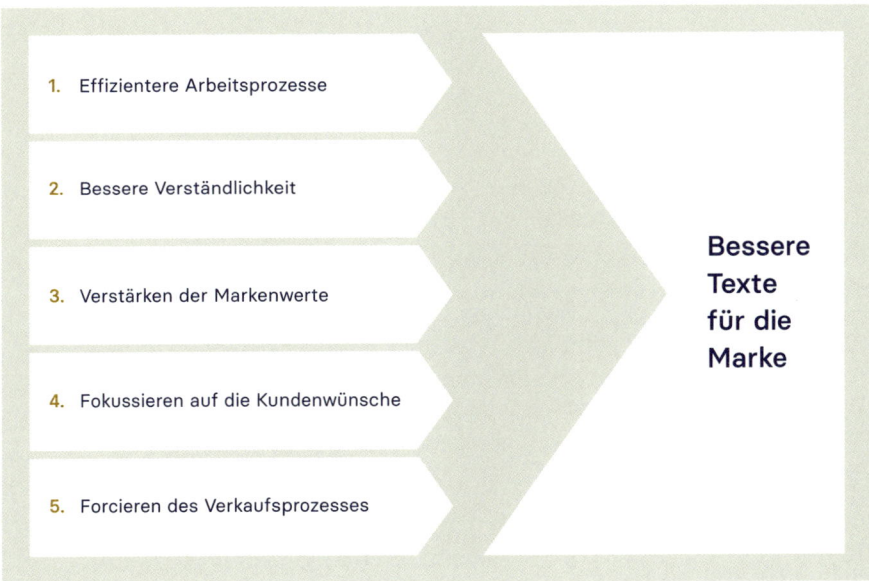

Wie starten Sie einen erfolgreichen CL-Prozess?

Eine Anleitung.

CL-Prozess 17

Es gilt die »Top-down«-Methode. Die Geschäftsführung muss den Prozess von Anfang an mittragen. Im Idealfall weiß sie um die Bedeutung der Sprache als wichtiges Werkzeug im Markenbildungsprozess. Die Erfahrung zeigt, dass sich Inhaber, Vorstände und Geschäftsführer oft auch privat für das Thema »Gute Sprache« interessieren.

Der empfehlenswerte Einstieg in das Projekt: Die Corporate-Abteilung oder das Marketing präsentieren vor der Geschäftsführung, wie eine Corporate Language die Marke stärken kann.

Anlässe können dabei sein:
- Neupositionierung der Marke
- Schärfung des Markenprofils
- Differenzierung vom Wettbewerb
- Transport neuer Markenwerte nach innen und außen, Culture Change im Unternehmen (z. B. Wandel zum kundenfreundlichen Dienstleister)
- Erhebliche Mängel in der Verständlichkeit
- Fehlende Systematik bei Texterstellung und -beurteilung
- Lähmende Geschmacksdiskussionen und Abstimmungsrunden
- Vereinheitlichung der Textqualität innerhalb eines Unternehmens oder zwischen Zentrale und Niederlassungen, Tochtergesellschaften, internationalen Standorten
- Wunsch nach kostensparenden, effizienten Arbeitsprozessen
- Technologischer Wandel (Digitalisierung der Kommunikation)

Nach der generellen Freigabe bestimmen Sie einen Hauptverantwortlichen für das Projekt.
Dieser ermittelt danach den realen Umfang. Welche Abteilungen sind betroffen? Starten Sie im Bereich Corporate Communication (zum Beispiel Market Communication, Employee Communication, PR, Stakeholder Communication) oder beginnen Sie exemplarisch mit einem Teilbereich (zum Beispiel Kundenkommunikation, CRM oder Digitale Kommunikation)? Gibt es in jeder Abteilung einen »verbündeten« Mitstreiter? In welchem Zeitraum soll das Projekt abgeschlossen sein? Welches Budget haben Sie?

Zu Beginn des Prozesses ist es wichtig, alle Verantwortlichen einzubinden, um Akzeptanz für das Projekt zu schaffen. Das gelingt am besten durch einen Initiativ-Vortrag zum Thema »Markenfaktor Sprache«. So integrieren Sie auch die »Bedenkenträger«. Überlegen Sie sich, ob Sie für diesen Vortrag einen externen Experten einladen.

Nun beginnt die Suche nach einem geeigneten Agenturpartner. Kriterien für die Vergabe sollten sein:

1. Nachgewiesene Erfahrung und Methoden-Kompetenz
Hat die Agentur auf vergleichbaren CL-Projekten gearbeitet?
TIPP: Lassen Sie sich von der Agentur einen Ansprechpartner eines CL-Kunden nennen.

2. C-Level Commitment
Ist sichergestellt, dass Ihr Projekt in der Agentur auf Geschäftsführungsebene angesiedelt ist?
TIPP: Achten Sie darauf, dass der Hauptverantwortliche nicht nur zur Vertragsunterschrift und zur Endpräsentation erscheint. Sondern den gesamten Prozess federführend begleitet.

3. Sicheres Vertrauensverhältnis
Stimmt die »Chemie« zwischenmenschlich und hinsichtlich der Arbeitsweise? Sind Sie auf der gleichen Wellenlänge? Kann Ihnen die Agentur die einzelnen Prozessschritte verständlich erklären?
TIPP: Treffen Sie sich zu einem separaten Chemistry Meeting. Achten Sie darauf, dass die Praxis im Vordergrund steht und nicht die Wissenschaft.

4. Termintreue
Ist das Projekt im geplanten Zeitraum in der Agentur realisierbar?
TIPP: Verlangen Sie ein detailliertes Timing bereits zur Pitch-Präsentation.

5. Ausgewiesene Text-Kompetenz und Markenverständnis
Wie gut sind die Texter der Agentur?
TIPP: Geben Sie der Agentur für den Pitch 1–2 Texte, die sie exemplarisch überarbeiten soll.

6. Ausreichende Kapazitäten
Verfügt die Agentur über die notwendige Manpower? Ist die Agentur in der Lage, nach der CL-Entwicklung mit Editorial-Teams vorhandene Text-Kontingente (zum Beispiel Briefe in der Standardkommunikation) zu überarbeiten?
TIPP: Lassen Sie sich »Ihr« komplettes Team vorstellen. Lassen Sie sich bereits jetzt Paketpreise nennen.

7. Breite Umsetzungsstärke
Verfügt die Agentur über Kompetenzen und Kapazitäten, die Corporate Language anschließend auf sämtliche Kommunikationsmittel auszurollen? Ist sie in der Lage, die Corporate Language in andere Sprachen zu übertragen?

TIPP: *Lassen Sie sich auch andere Abteilungen vorstellen: Strategie, Grafik, Digital.*

8. Gesicherte Implementierung
Kann die Agentur die CL in Ihrem Unternehmen verankern?
TIPP: *Lassen Sie sich ein Maßnahmenpaket für die spätere Einführung präsentieren. Achten Sie darauf, dass die Agentur über eigene, erfahrene Seminarleiter verfügt.*

9. Qualitätskontrolle
Kann die Agentur sicherstellen, dass Ihre CL in Ihrem Unternehmen dauerhaft in gleichbleibender Qualität angewendet wird?
TIPP: *Fragen Sie die Agentur nach einer geeigneten Software-Lösung, die sowohl Verständlichkeit als auch Markenfit nicht nur analysiert, sondern gleichzeitig auch verbessert. Definieren Sie KPIs, die Sie in den nächsten Jahren durch Ihre Corporate Language erreichen wollen.*

10. Zukunftsfähigkeit
Kann Ihre Agentur die CL auch weiterentwickeln? Lässt sie sich auf Themen wie Sprachassistenten, Bots und KI adaptieren?
TIPP: *Lassen Sie beispielsweise einen Audio Audit kalkulieren.*

11. Verbindliche Aufgabenteilung
Ist geklärt, welche Aufgaben die Agentur übernimmt und welche auf Sie und die beteiligten Bereiche zukommen?
TIPP: *Machen Sie eine ehrliche Manntage-Planung. Beziehen Sie die Erfahrung der Agentur dabei ein.*

12. Kostentransparenz
Ist der Aufwand nachvollziehbar, übersichtlich und kontrollierbar?
TIPP: *Lassen Sie sich die Prozessschritte einzeln kalkulieren. Und streben Sie dann einen Pauschalpreis inklusive Überarbeitungsschleifen an. Vergessen Sie nicht, sich bereits über Folgekosten zu verständigen (zum Beispiel mögliche Editorial-Teams für Textüberarbeitungs-Kontingente, Implementierungs-Maßnahmen, Software-Lizenzen). Lassen Sie sich die allgemeine Preisliste der Agentur zeigen.*

Natürlich ist der Preis wichtig, aber er sollte nicht das ausschlaggebende Kriterium sein. Entscheidend ist, dass Sie in der Agentur nicht nur einen Dienstleister, sondern einen Partner finden.

Nachdem Sie sich für eine Agentur entschieden haben, halten Sie alle Vereinbarungen in einem Vertrag fest. Auch eine Verschwiegenheitserklärung ist zu empfehlen. Der Hauptverantwortliche ernennt nun sein Kernteam »Sprache« (Mitarbeiter aus allen Abteilungen des Unternehmens, die mit schriftlicher oder mündlicher Kommunikation beschäftigt sind).

Jetzt startet das Projekt.

Die Roadmap zu einer erfolgreichen Corporate Language.

In vier Schritten zum Ziel.

Das folgende Kapitel zeigt Ihnen, wie eine Corporate Language in vier Schritten entsteht. Von der vorbereitenden Basisarbeit über die Strategie-Phase, dem Aufbau eines Regelwerks bis hin zur Implementierung. Jeder Schritt wird verdeutlicht durch Beispiele aus der Praxis.

Schritt 1 Die Basis-Arbeit

A Start-Workshop

Im eintägigen Start-Workshop werden die Grundlagen für die spätere Corporate Language erarbeitet. Teilnehmer: Von der Auftraggeberseite: Projektverantwortlicher und sein Kernteam »Sprache« (Mitarbeiter aus allen Abteilungen des Unternehmens, die mit schriftlicher oder mündlicher Kommunikation beschäftigt sind). Von der Agenturseite: der Projektleiter, verantwortlicher CD-Text, Stratege und Projektmanager.

Der Workshop beginnt mit einer Einführung in die Unternehmensmarke bzw. in deren Leistungsangebote.

Anschließend wird geklärt:

1. Gibt es im Unternehmen oder zur Marke verabschiedete Werte? Wie lautet die Markenpositionierung?

2. Welche davon sind für die Branche allgemeingültige »Hygiene-Werte«, welche sind Differenzierungswerte?

3. Welche Unternehmens- oder Markenwerte sollen sich in der Sprache wiederfinden? Brauchen wir einen zusätzlichen, zur Differenzierung beitragenden Wert?

4. In welcher Sprache soll die Corporate Language entwickelt werden? Soll sie später in andere Sprachen übertragen werden?

5. In welchen Märkten soll die Corporate Language zum Tragen kommen?

6. An welchen Touchpoints soll sie sichtbar werden? Offline wie online? Im Bereich Corporate? In der Kundenkommunikation? In der internen Kommunikation? Im Bereich HR? Im Produktmarketing? Auf der Packung? In der Produkt-Literatur / Technischen Dokumentation? Am POS? Im CRM? Im Content? In der Öffentlichkeitsarbeit und PR? In Reden des Vorstandes? Im Community Management und Social Media? In den Callcentern? Bei Sprachassistenten?

7. Wem soll die Corporate Language in welcher Form zur Verfügung gestellt werden? (Printleitfaden, Druck-PDF, Intranet, App).

8. Gibt es bei Tochterunternehmen in anderen Regionen oder Kategorien bereits sprachliche Guidelines?

9. Gibt es von der IT Vorgaben, die berücksichtigt werden müssen?

10. Welche Zielgruppen sollen angesprochen werden? Gibt es zur Zielgruppendefinition Personas?

11. Gibt es Insight-Untersuchungen zu den Zielgruppen? Gibt es Untersuchungen zur Kundenzufriedenheit?

12. Welche Medien bevorzugen die Zielgruppen? Durch welche Sprachstilwelten sind sie beeinflusst? Was ist ihr Mediennutzungsverhalten?

13. Wer sind die wichtigsten Wettbewerber? In welchen Kanälen treten sie auf? Wer ist der Pacemaker im Markt?

14. Welche Mustertexte aus welchen Bereichen und Gattungen sollen analysiert und später verwendet werden?

15. Welche Milestones sollen bis wann erreicht werden? Verabschiedung eines verbindlichen Timings.

16. Sollen Testphasen eingeplant werden?

B Audio Audit

Dieser Check verschafft Ihnen Klarheit: Wo steht Ihr Unternehmen, Ihre Marke in den Bereichen Sprache und Sound? Werden Voice und Audio als Brand-Building-Faktoren genutzt? Wie konsistent werden sie eingesetzt? Wo muss angesetzt werden, um Verbesserungen zu erreichen?

Der Audio-Audit wird von Audio- und Voice-Experten durchgeführt. Sie analysieren den Status quo und ermitteln danach ein Scoring. Dieses gibt Orientierung, zeigt Defizite auf und formuliert Handlungsempfehlungen.

Checkliste des Audio Audit

Basics	In Anwendung		*Umfang
	nein	ja	1 = kaum/minimal 2 = wenig/selten
1. Soundlogo/Sound Branding	●	●	3 = regelmäßig 4 = häufig
2. Company Voice/Sprecher(in)	●	●	5 = kontinuierlich

Touchpoints Owned	In Anwendung		
	nein	ja	Umfang*
1. Corporate Video/TV	●	●	▼
2. Erklärfilme/Produktfilme	●	●	▼
3. Websites	●	●	▼
4. Social Media	●	●	▼
5. Digital Audio Contents (Blogs, Foren etc.)	●	●	▼
6. Podcasts	●	●	▼
7. Apps	●	●	▼
8. Webinars/E-Learning	●	●	▼
9. Chatbots/Sprachsysteme	●	●	▼
10. Digital Assistants	●	●	▼
11. Direct Communications/CRM (Newsletter etc.)	●	●	▼
12. Events/Messen	●	●	▼
13. Interne Auftritte (Rede, Ansprache etc.)	●	●	▼
14. Externe Auftritte (HV, Konferenzen etc.)	●	●	▼
15. Internes Ambiente (Büros, Fahrstühle etc.)	●	●	▼
16. Externes Ambiente (Shops, Outlets etc.)	●	●	▼
17. Telefon/Callcenter (In-Outbound)	●	●	▼
18. Video Conferencing	●	●	▼
19. Voice Commerce (POS + Digital)	●	●	▼
20. Voice Product Services	●	●	▼
21. Product/Service Sound	●	●	▼
22. Employer Communications	●	●	▼

Touchpoints Paid	In Anwendung		
	nein	ja	Umfang*
1. TV	●	●	▼
2. Radio	●	●	▼
3. Online Advertising (Video-Banner, Pre-Rolls etc.)	●	●	▼
4. Social Media Advertising	●	●	▼
5. Voice Search	●	●	▼

Schritt 2 Die Strategie-Phase

A Inventur

Nachdem Kunde und Agentur gemeinsam festgelegt haben, welche Werte sich in der Sprache wiederfinden sollen, erarbeitet die Agentur:

1. Welche Kernwörter, Claims und Benefit-Zeilen gehören dem Unternehmen oder der Marke? (Beispiel: »Silberpfeil« für MERCEDES)

2. Welche Begriffe sollen als Botschafter das Markenversprechen besetzen? (Beispiel: »Giga« für VODAFONE)

3. Welche Begriffe werden bereits heute oder sollen in Zukunft mit der Marke bzw. dem Unternehmen untrennbar verbunden werden? (Beispiel: »Weekendfeeling« mit ZOTT Sahne Joghurt)

4. Welcher Begriff eignet sich zum One Word Capital? Also einen Begriff oder ein Wort, das in Zukunft ein Großteil der Zielgruppe mit dem Unternehmen oder der Marke eindeutig verbinden soll. So wie »Pflege« bei NIVEA oder »Freude« bei BMW.

5. Eine Word Cloud zeigt auf, welche Wörter momentan und zukünftig mit der Marke oder dem Unternehmen verbunden werden sollen. (Als Basis dafür kann ein »Philosophie«-Text wie »Wir über uns« analysiert werden.)

Die Word Cloud der LUFTHANSA CARGO

engagiert
Zusammenarbeit   Kundenzufriedenheit
Innovationen   **Verantwortung**
Produktverantwortung   erfolgreich
Schutz   erreichbar   **gemeinsam**
automatisch   ausgezeichnet
speziell   **Effizienz**   Vertrauen
weltweit   spezifisch   flexibel
sicher   modern
Leistungsfähigkeit   Qualität   ausführlich   schnell
einfach   jederzeit   individuell
Ideen   Experten   kontinuierlich
nachhaltig   Vielfalt
network-on-demand   Weiterentwicklung
Verbesserung

B Definition der Insights der anzusprechenden Zielgruppen

Beispiel:
Ausschnitt aus der Insight-Sammlung von MEDI Seite 26

Wer Texte schreibt, die von den gewünschten Zielgruppen gelesen werden sollen, weiß, wie wichtig es ist, diese bei ihren Bedürfnissen und Meinungen abzuholen. Zu einer Corporate-Language-Entwicklung gehört deshalb auch eine Insight-Analyse. Was ist pro Zielgruppe relevant, damit sie beim Lesen des Textes zustimmend nickt? In welchen Träumen, Hoffnungen, Wünschen, Ängsten findet sich die Zielgruppe wieder? Diese Insight-Sammlung ist zukünftig für jeden Texter und Textverantwortlichen ein Nachschlagewerk, um sich schnell mit den Gewohnheiten und Erwartungen der Zielgruppe(n) vertraut zu machen. Es gilt also, in Kundenzufriedenheitsuntersuchungen zu blicken oder selbst eine Insight-Analyse durchzuführen.

C Definition der CL-Sprachstilgruppen

Abbildung:
Sinus-Modell mit CL-Sprachstilgruppenzuordnung Seite 27

Die Methode der Corporate Language arbeitet mit der These, dass Menschen ein unterschiedliches Lese- und Sprachverhalten an den Tag legen. Dass jede Zielgruppe einen typischen Sprachstil bevorzugt. Das heißt, die Zielgruppe spricht auf diese Sprache besonders an – fühlt sich in ihr »zu Hause«. Die Zielgruppe wird zur Dialoggruppe. Die Corporate Language arbeitet deshalb mit dem Modell der CL-Sprachstilgruppen. Im Umkehrschluss bedeutet das: Wenn Texte mit den Sprachstilgruppen in »ihrer« Sprache sprechen, erreichen sie sie besser.

Die CL-Sprachstilgruppen unterscheiden sich in:

____Wert-Orientierte
____Gefühls-Orientierte
____Ergebnis-Orientierte
____Trend-Orientierte
____Verweigerer

Ausschnitt aus der Insight-Sammlung von MEDI (siehe Case auf Seite 142)

Welche Kundenbedürfnisse sollen in den Texten angesprochen werden?

Medical

Bereich Phlebologie, Lymphologie

Fachärzte	Ärzte mit einem mittleren bis hohen (phlebologisch-lymphologischen) Wissensstand	Ärzte mit einem niedrigen bzw. rudimentären Wissensstand	Medizinische Fachangestellte (MFA)
Phlebologen, Dermatologen, Gefäßchirurgen, Lymphologen, Gynäkologen, Angiologen, Chirurgen, gegebenenfalls noch Urologen bzw. Ärzte mit der Zusatzbezeichnung Andrologie API (Allgemeinmediziner, praktische Ärzte und hausärztlich tätige Internisten) MFA (Medizinische Fachangestellte), gegebenenfalls MTA (Medizinisch-technische Assistenten)	»Bei Arzneimitteln gibt es unabhängige Studien. Bei Hilfsmitteln wäre das auch angebracht. Es würde das Rezeptierungsverhalten beeinflussen.« »Kompressionsstrümpfe führen zu Muskelatrophie. Deshalb verordne ich keine bzw. nur für ein paar Wochen nach Venen-OP.« »Meine Patienten ziehen die Strümpfe sowieso nicht an, weil sie weder rein- noch rauskommen und trockene Haut bekommen.« »Im Sommer sind die Strümpfe nichts, da ziehen Patienten keine an.« »Bei Hilfsmitteln eine wirklich innovative Neuerung zu schaffen, ist schwierig. Nicht jeder Kompressionsstrumpf ist gleich, aber sie unterscheiden sich auch nicht extrem.«	»Ich bin mir immer unsicher, ob Hilfsmittel budgetiert sind.« »Ich weiß nicht, welche Angaben auf das Rezept gehören.« »Ich bin mir nicht sicher – kann die Kompressionsklasse 1 auch verordnet werden?« »Mir ist unklar, ob ein Unterschied zwischen Stütz-, Kompressions- und Thromboseprophylaxestrumpf besteht.« »MEDI hat ein sehr umfassendes Sortiment. Welchen Strumpf soll ich meinem Patienten empfehlen?«	»Bei mir verbringt der Patient in der Regel mehr Zeit als beim Arzt und ich bin vor allem auch für Anwendungsfragen ein wichtiger Ansprechpartner.« »Ich fühle mich vom Außendienst schlecht informiert.« »Ich wünsche mir Produkt-Muster, um den Patienten die Vorbehalte zu nehmen.« »Häufig bin ich es, die einem Patienten ein Hilfsmittel namentlich empfiehlt.«

Sinus-Modell 2020 mit Sprachstilgruppen-Zuordnung

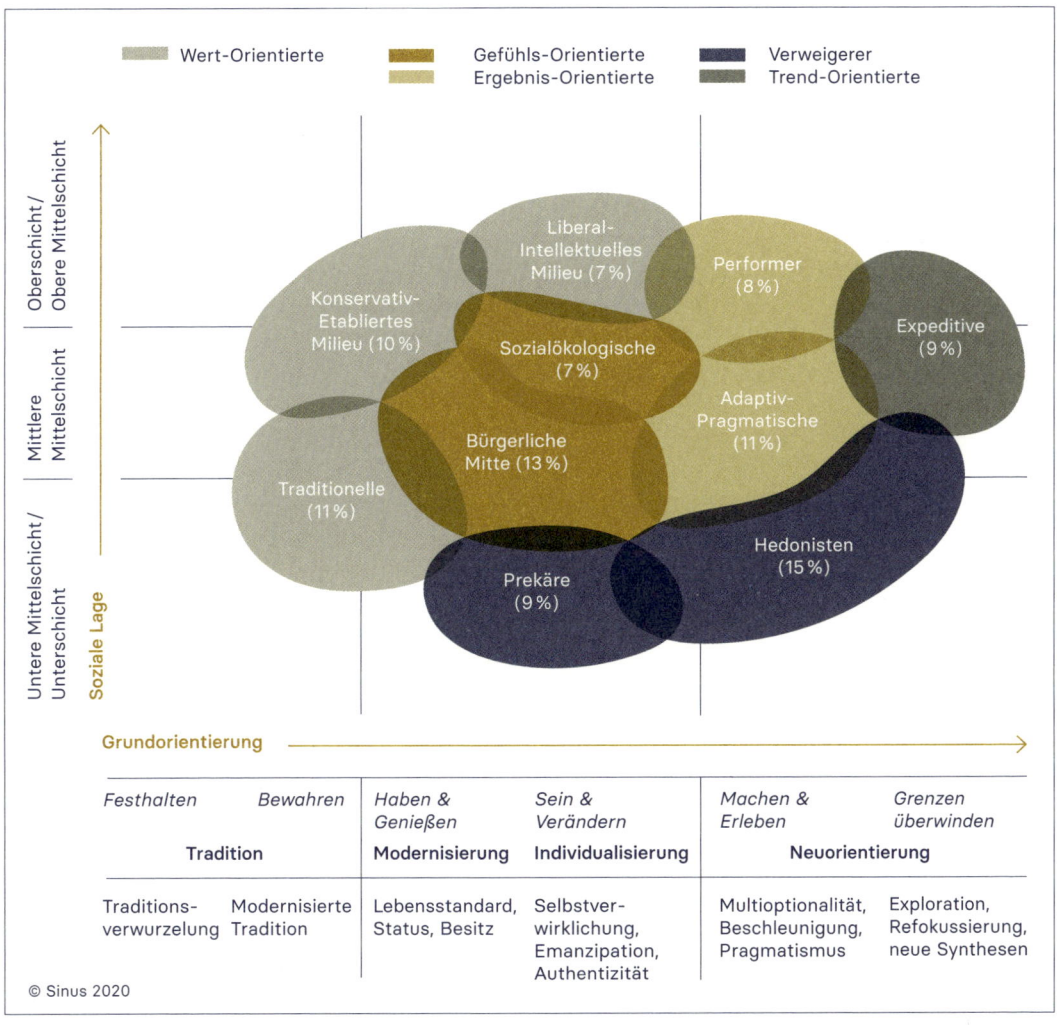

© Sinus 2020

Die gesellschaftliche Einordnung der CL-Sprachstilgruppen orientiert sich an den Sinus-Milieus:

Die Wert-Orientierten
Eine wertorientierte Zielgruppe definiert, sucht und findet sich unter anderem in folgenden Werten: Sicherheit, Qualität, Ehrlichkeit, Echtheit, Reinheit, Wahrheit, Tradition, Heimat, Solidarität. Dem widerspricht alles Schnelllebige, Aufgesetzte, Triviale.

1. Wert-Orientierte lieben einen gepflegten Umgang mit Sprache: kräftige Verben, schmückende Adjektive, visuelle und kinästhetische (gefühlsbewegende) Sprachbilder, keine zu kurzen Sätze.

2. Sie schätzen selten genutzte Worte (»manierlich«, »resolut«) und Formulierungen (»jemandem einen Fehdehandschuh hinwerfen«) und die Feinheiten der Sprache. Sie kennen den Unterschied zwischen »einen Toast bestreichen« und »einen Toast ausbringen«.

3. Sie mögen es, wenn Texte Geschichten erzählen.

4. Sie haben ein Faible für Wortspiele, Redensarten, Zitate, Metaphern und intelligenten Humor.

5. Und sie wollen von Texten inspiriert werden. Der Text darf daher nicht zu kurz sein, weder stakkatohaft klingen noch sich in Bulletpoints erschöpfen.

Die Gefühls-Orientierten
Texte für Gefühls-Orientierte sind Welten zum »Ein- bzw. Wegtauchen und Träumen«. Sie dienen der Besinnung und »Entschleunigung«. Leser nutzen sie, um dem Alltag zu entfliehen, um in Erinnerungen zu schwelgen oder in Träume zu versinken. Texte für Gefühls-Orientierte kommen Rückzugsorten gleich.

1. Die Ansprache ist emotional und nicht rational. Sie erfolgt auf allen Sinneskanälen (in der Reihenfolge: visuell – kinästhetisch – auditiv).

2. Geschildert werden Gefühle, Erfahrungen und Erlebnisse.

3. Sprachbilder werden gerne gelesen, müssen jedoch leicht verständlich und nachvollziehbar sein.

4. Damit emotionale Texte die Leser in ihrer Lebenswelt abholen können, erscheinen sie in leichter Umgangssprache mit kurzen Sätzen und vielen Verben.

5. Metaphern, Abstrakta oder Fremdwörter sollten vermieden werden.

6. Ein Behördenstil verbietet sich.

7. Gefühlsorientierte Leser mögen kurze Texthappen und Bildunterschriften. Einen Telegrammstil lehnen sie jedoch ab.

Die Ergebnis-Orientierten
Ergebnis-Orientierte stehen Werbung sehr skeptisch gegenüber. Für sie müssen Texte Sinn ergeben, also einen konkreten Vorteil bringen. Werbung, aber auch andere Formen der Kommunikation, wird von ihnen nur akzeptiert, wenn sie informiert und einen Nutzen verspricht. Zum Beispiel als eine Hilfe zum gelungenen Einkauf.

1. Ergebnis-Orientierte wollen Fakten, Fakten, Fakten.

2. Sie interessieren sich für Produktvorteile, Preise, Service-Leistungen.

3. Sie schätzen technische Demonstrationen und Fallbeispiele.

4. Ergebnis-Orientierte wollen in möglichst kurzer Zeit möglichst weit vorankommen. Deshalb bevorzugen sie eine reduzierte Sprache mit kurzen oder unvollständigen Sätzen.

5. Oft genügen Stichworte und Aufzählungspunkte.

6. Was ihnen auch gefällt: Tabellen, Grafiken, Zusammenfassungen und Schritt-für-Schritt-Pläne.

7. Ergebnis-Orientierte überfliegen Texte. Deshalb mögen und benötigen sie Hervorhebungen.

Die Trend-Orientierten
Trend-Orientierte reagieren stark auf Reizwörter. Sie sind sprunghaft und verführbar. Sie mögen eher kürzere Sätze. Sie sollten stark visuell, auditiv und kinästhetisch angesprochen werden. Texte sind Stimulanz und Inspiration. Trend-Orientierte haben ein starkes Bedürfnis nach »in sein«.

1. Kurze, provozierende, stimulierende Headlines erregen Aufmerksamkeit. Oft durch scheinbare Disharmonien in der Aussage.

2. In den knappen Copys stehen kurze Sätze mit kraftvollen Adjektiven und Verben.

3. Texte sollten immer eine Neuigkeit enthalten.

4. Trendbegriffe sind nicht nur erlaubt, sondern gefordert.

5. Szene-Codewörter sorgen für die Identifikation des Lesers mit dem Text.

6. Texte dürfen nicht einengen und erteilen keine Ratschläge, sollten aber Alternativen bieten.

7. Erlaubt ist, was anregt. Wenn es der Sache dient, darf auch übertrieben werden.

Die Verweigerer
Sie verweigern sich der »typischen« Werbesprache. Wir erreichen sie jedoch durch Preiswerbung, pure, »neutrale« Info (PR-anmutende Texte) und durch Texte mit hohem Spaßfaktor. Erfolgreich ist hier Sprache, wenn sie sich der Verweigerungshaltung aktiv annimmt.

D Definition der generellen Tonalität

Nun wird definiert, in welcher Tonalität die Marke oder das Unternehmen mit uns sprechen würde, wenn sie oder es ein Mensch wäre. Das kann ein Experte, eine Instanz oder Autoritätsperson sein. Oder ein Freund, Kamerad und Partner. Ein Helfer oder Tröster. Es wird festgelegt, ob die Marke oder das Unternehmen weiblich oder männlich oder sächlich ist. Ob die Ansprache Du oder Sie ist. Besonders wichtig: Wie sprechen Sie in den sozialen Netzen mit Ihren Zielgruppen?

E Wettbewerbsanalyse

Wie spricht die Konkurrenz? Dazu werden vergleichbare Texte der Wettbewerber untersucht. Zum Beispiel ähnliche Akquise-Schreiben oder die »Philosophie«-Texte auf der Unternehmensseite. (Hier finden Sie übrigens meistens auch die Unternehmenswerte.) Lassen sich in der Branche Besonderheiten feststellen? Hat ein Wettbewerber schon eine wiedererkennbare Sprache? Zahlen seine Texte auf die Werte ein? Wird im Sprachstil eine Persönlichkeit erkennbar? Gibt es typische, an die Marken gebundene Wörter? Wie viel Englisch und Denglisch ist erkennbar? Wird in der Branche gesiezt oder geduzt? Gibt es eine einheitliche Tonalität? Wie halten es die anderen mit Humor? Sprechen die Anderen eine vergleichsweise verständlichere Sprache?

F Analyse der Sprachstil-Welten

Eine gleiche Analyse geschieht auch mit den relevanten Medien, in denen die untersuchte Branche präsent ist. Das können Fachzeitschriften sein. Aber auch Blogs und Social-Media-Auftritte. Und natürlich auch Podcasts. Welches Sprachniveau herrscht hier vor? Sind die Fachmedien in der Sprache mutiger oder ängstlicher als die Anzeigenkunden? Wie emotional oder rational formulieren sie? Gibt es wie beim Beispiel »Kernkraft« vs. »Atomkraft« eine Befürworter-Sprache und eine Gegner-Sprache?

G Sprachpositionierung

Am Ende dieser Betrachtung steht ein Sprachpositionierungskreuz. Es versucht, die Wettbewerber in ihrer Sprache zu bündeln. Wo ordnet sich hier Ihr Unternehmen oder Ihre Marke ein? Welche Markenwerte sollen zu Sprachwerten werden und sich zukünftig in der Sprache wiederfinden? Das Kreuz hilft Ihnen Ihr Unternehmen sprachlich von den Wettbewerbern zu differenzieren.

Beispiel Sprachpositionierungskreuz

B — N
sind Wettbewerber
von Marke A

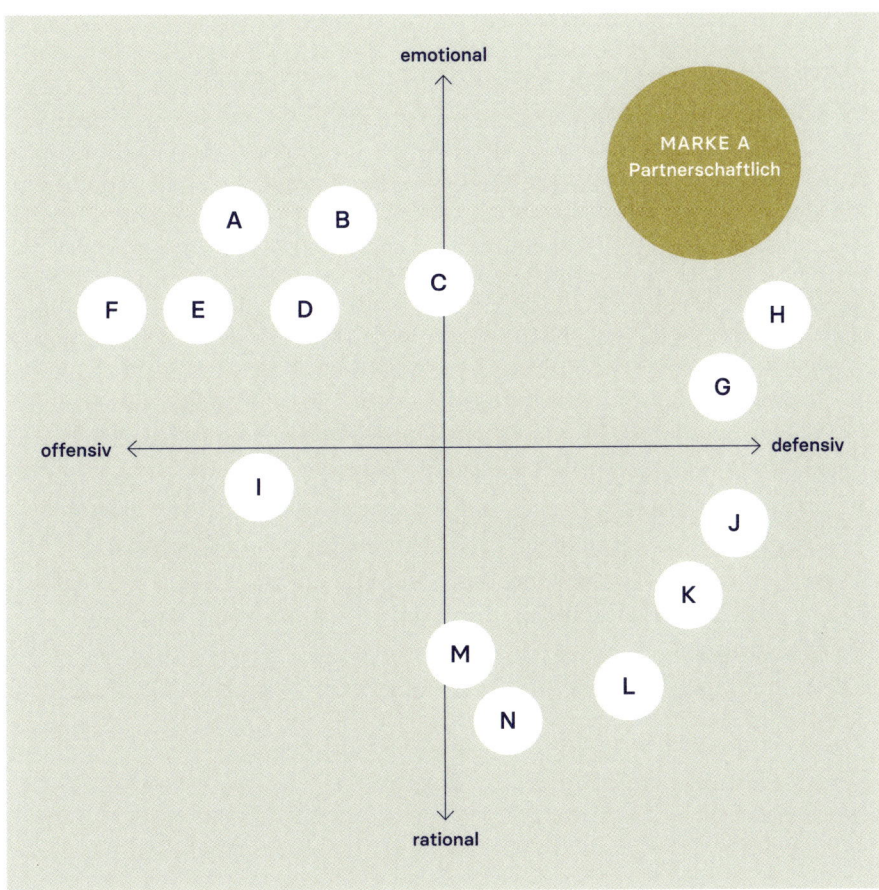

H Corporate-Language-Sprachinventur

Jetzt werden ausgewählte Texte aus unterschiedlichen Text-Kategorien (zum Beispiel Kundenbrief, PR-Text, Anzeigentext, Internet-Text, Newsletter) nach zwei Kriterien analysiert.

CL-Verständlichkeits-Index
Seite 34

1. Berücksichtigen die vorhandenen Texte die gängigen Regeln der Verständlichkeit? (Einsatz des CL-Verständlichkeits-Index oder eines Text-Scanner.)

CL-Farbmethode
Seite 32

2. Zahlen die vorhandenen Texte auf die Markenwerte ein? (Einsatz der CL-Farbmethode.)

Die CL-Farbmethode

Wir sind für Sie da – In Musterstadt und an mehr als 80 anderen Orten in Deutschland

Als Kunde stehen Sie bei *Marke* immer im Mittelpunkt, ob in der Beratung oder in der Betreuung nach dem Kauf. Uns ist wichtig, dass Sie mit Ihrer Entscheidung für eine Lösung von *Marke* zufrieden sind und zufrieden bleiben. Eine kompetente und persönliche Beratung ist die Basis dafür. Auch im Zeitalter des Internets ist für uns der persönliche Kontakt mit Ihnen das Wichtigste.
Deshalb stehen wir Ihnen mit einem starken Team von Ingenieuren, Technikern und Kaufleuten für alle Fragen rund um die Integration unserer Produkte in Ihre Anwendung bereit.
Ob im Stammhaus in Musterstadt, unserem Vertriebsbüro in Musterberg oder mit unseren mehr als 80 Mitarbeitern im Außendienst, wir sind immer in Ihrer Nähe. Das schafft gute Voraussetzungen für Ihre individuelle Unterstützung sowie eine intensive Partnerschaft zwischen uns.

Einsatz am Originaltext

Beispiel Farbcodierung
Markenwerte:

Innovation
Begeisterung
Partnerschaftlichkeit
Qualität / Kompetenz
Unabhängigkeit
Internationalität

Einsatz in der
Überarbeitung

Ihr Kontakt zu einzigartiger Verbindungstechnik.

Ihr Erfolg hängt stets von den richtigen Verbindungen ab. Deshalb produzieren wir bei *Marke* wegweisende Verbindungstechnik, Geräte-Anschlusstechnik, Überspannungsschutz, Signalanpassung und Automatisierungstechnik.
Mit unserer Leidenschaft und Innovationsstärke gehen wir seit über 80 Jahren neue Wege in der Elektrotechnik – und zählen deshalb heute weltweit zu den Marktführern in diesen Geschäftsbereichen.
Als Kunde profitieren Sie aber nicht nur von der Marktnähe, Flexibilität und Fertigungs-Kompetenz eines Global Players. Im Service-Bereich genießen Sie auch alle Vorzüge eines engagierten und unabhängigen mittelständischen Betriebes.
Das heißt: Sie haben immer den direkten Kontakt zu Ingenieuren, Technikern und Kaufleuten. Die individuell für Sie gebündelten Maßnahmenpakete aus Produkten und Dienstleistung bieten Ihnen so reichlich Synergieeffekte.

CL-Verständlichkeits-Index

1. Schreiben Sie kurze Wörter (mit nicht mehr als 16 Buchstaben).
2. Vermeiden Sie Komposita (Wortzusammensetzungen aus Hauptwörtern).
3. Vermeiden Sie Nominalstil (nicht mehr als ein bis zwei Hauptwörter pro Satz).
4. Schreiben Sie Verben statt Substantivierungen (»ung«-Formen).
5. Stellen Sie das Verb im Satz nach vorne.
6. Schreiben Sie Sätze mit maximal 14 Wörtern im Satzdurchschnitt.
7. Verschachteln Sie Sätze nicht.
8. Strukturieren Sie Ihren Text und gliedern Sie ihn in Absätze.
9. Packen Sie in jeden Satz nur eine Informationseinheit.
10. Schreiben Sie aktiv und vermeiden Sie das Passiv.
11. Vermeiden Sie Modalverben und Konjunktive. (»können«, »müssen«, »sollen«, »dürfen«, »wollen«, »mögen«, »könnten«, »müssten«, »würden«, »sollten«)
12. Schreiben Sie positive Begriffe. (»Alles inklusive« statt »keine Nebenkosten«)
13. Verzichten Sie auf Fach-Chinesisch.
14. Vermeiden Sie Anglizismen und andere Fremdwörter. (»tools«, »enablen«, »committen«)
15. Verzichten Sie auf Füllwörter. (»eigentlich«, »gerade«, »völlig«, »überhaupt«)
16. Vermeiden Sie Floskeln und Verstaubtes. (»gemäß«, »obliegt«, »zeitnah«)
17. Vermeiden Sie abstrakte Wörter. (»Planfeststellungsbeschluss«)
18. Schreiben Sie Wörter aus und vermeiden Sie Abkürzungen.
19. Vermeiden Sie Partizipialkonstruktionen. (»betreffend«, »beiliegend«)
20. Verzichten Sie auf Funktionsverbgefüge. (»sprechen« statt »Gespräche durchführen«, »überweisen« statt »Überweisung vornehmen«)

Schritt 3 Aufbau eines CL-Leitfadens

A Individuelles Sprachmodell

Jede Corporate Language mündet in ein individuelles Sprach-Modell. Dieses Modell gibt klare, praxisnahe Vorgaben für die Struktur der Texte in unterschiedlichen Text-Kategorien.

Beispiele:

1. Die »KNAPP-Formel« der KNAPPSCHAFT (Siehe Case Seite 134).
   Sie sorgt dafür, dass die Texte so kurz wie möglich gehalten werden und gleichzeitig den maximalen Nutzen kommunizieren. Durch Tipps und Ratschläge in jedem Text wird die Sprache der KNAPPSCHAFT »Empfehlungssprache«.
2. Der »Matrix42-Faktor« (siehe Case Seite 158)
   Matrix 42 beginnt jeden Text mit einem Gedanken, der den Status Quo der Branche in Frage stellt, um ihn zu verbessern.

B Sprachleitlinien

Als nächstes wird der Schreibstil in Sprachleitlinien verankert. Die Unternehmens- oder Markenwerte werden dabei in einfach praktizierbare Text-Anweisungen übertragen. Zusammen mit Formulierungsbeispielen wird sichergestellt, dass in Zukunft jeder Text an jedem Touchpoint auf die Markenwerte einzahlt.

C Vorgaben für Wortwahl, Sprachstil und Tonalität

Hierbei wird die Ansprache unterschiedlicher Zielgruppen und der Einsatz aller eingesetzten Medien berücksichtigt.

D Wording

____Empfehlungen für die Rechtschreibung
____Terminologie- und Schreibweisenliste
____Liste der gängigen Abkürzungen
____Begrüßungs- und Verabschiedungsformeln
____Gender-Vorgaben
____Sammlung der Dos und Dont's der Sprache
____geschützte Begriffe des Unternehmens oder der Marke
____erfolgreich eingereichte Benefit-Lines
____Claims oder Selling-Lines
____die Struktur der Namensarchitektur
____die Netiquette

E Mustertexte

Der Leitfaden wird komplettiert durch Mustertexte oder Textmodule aller relevanten Textgattungen aus unterschiedlichen Abteilungen.

Der CL-Leitfaden kann in Form einer Print-Version ausgearbeitet werden. Als PDF-Version lässt er sich zum Beispiel ins Brand Portal des Intranets stellen. Bewährt hat sich auch eine CL-App des Leitfadens. Sie wird passwortgeschützt allen Textern und Textverantwortlichen zugänglich gemacht. Als Kurzform bietet sich ein One Pager des Leitfadens an.

Schritt 4 Die Implementierung

Beispiel:
Der Projektplan einer Corporate Language im Überblick.
Seite 40 – 41

Nun ist Ihre Corporate Language fertig. Aber das wichtigste Wegstück haben Sie noch vor sich. Das Hineintragen der Sprache ins Unternehmen. Im Folgenden stellen wir Ihnen die wichtigsten Bausteine dazu vor.

A Sprachbotschafter

Aus jeder texterstellenden Abteilung wird ein Verantwortlicher benannt, der ab nun die neu entwickelte Unternehmens- oder Markensprache bei seinen Kollegen vorstellt und darauf achtet, dass sie dort eingesetzt wird. Diese Aufgabe wird in seinem Jahresbeurteilungsgespräch formuliert und fließt in seine Scorecard oder Bonusvereinbarung ein. Zur Unterstützung erhält der Sprachbotschafter mehrere Werkzeuge. Der Kreis der Sprachbotschafter kann unter sich auch eine »Text-Instanz« wählen, die – per E-Mail erreichbar – im Unternehmen Ansprechpartner wird für sämtliche Sprachangelegenheiten.

B Corporate Language Workshops

Alle Texter und Textverantwortlichen können durch Schulung befähigt werden, selbstständig die CL in ihrer täglichen Arbeit einzusetzen. Dabei gilt es sicherzustellen, dass das Erlernte konsequent zum Einsatz kommt und sprachliche Verbesserungen schnell erlebt werden. Die Teilnehmer bringen in die Seminare Texte mit, die gerade »in der Pipeline« sind. Diese werden in den Seminaren überarbeitet. So zieht jeder Mitarbeiter einen direkten Nutzen aus den Seminaren und es bleibt »keine Arbeit liegen«.
Oft empfiehlt es sich, diese Seminare erst im Kreis der Sprachbotschafter durchzuführen. Die Seminare könnten feste Bestandteile der internen Akademie oder Fortbildungsreihe sein.

C Corporate-Language E-Learning

In größeren Unternehmen mit mehreren Standorten ist zu empfehlen, die Texter-Schulungen als E-Learning-Seminare, Webinare oder Blended Learning durchzuführen. Die Sessions können 20 oder 40 Minuten lang sein. Sie sind interaktiv angelegt, mit Bewegtbild unterlegt und enthalten ein Rewarding-System für die erfolgreiche Teilnahme. Der Vorteil: Sie legen fest, welche Mitarbeiter mit welchen Vorkenntnissen in welchen Abteilungen in welchem Zeitfenster mit der CL vertraut gemacht werden sollen. Das ist der ideale

Weg zur spielerischen Implementierung einer CL für Kunden mit großem Mitarbeiterstamm. Und der schnelle Weg, eine CL in einem multinationalen Unternehmen in da relevanten Ländern zu implementieren.

D Software-Lösung

Wie wir im folgenden Kapitel noch ausführlich darstellen, ist auch die Etablierung einer Software zur Analyse von Texten auf Verständlichkeit und Markenfit zu empfehlen.

E Aufbau einer CL-Sprachdatenbank

Diese Online-Version basiert auf einer Stichwort-Suche und ist eine große Arbeitserleichterung. Sie haben quasi einen elektronischen Texter zur Hand, der Ihnen Textmodule, Mustertexte, Synonyme, Abkürzungen und viele weitere Hilfen gibt, neue Texte erstellen zu können. Dies auf Basis von Begriffen und Textmodulen, die bereits durch die Juristen und die Entwicklungs-Abteilung freigegeben worden sind. Schneller und sicherer geht texten kaum. CL-Leitfaden, CL-Sprachdatenbank, CL-Textmaster und CL-E-Learning sollten zusammen ins CL-Brand-Portal gestellt werden.

F Onboarding-Maßnahmen

Neue Mitarbeiter in den betroffenen Bereichen sollten von den Sprachbotschaftern eine Kurz-Einführung in die Unternehmenssprache erhalten.
Hierzu gehört der CL-Leitfaden, falls vorhanden: die Einführung in die Software, die Teilnahme am E-Learning oder einem Einstiegs-Seminar.

G Editorial-Teams

Wie wird die Corporate Language nun in die Tiefe und Breite getragen? Zum Beispiel durch die Etablierung eines Editorial-Teams aus internen oder externen Textern und Content-Redakteuren. Auf Basis des CL-Leitfadens überarbeiten die Team-Mitglieder portionsweise Textpakete. Es empfiehlt sich, hier nach der Wichtigkeit der Textart vorzugehen. Welche Texte haben den größten Traffic? Oft ist es als Erstes die Überarbeitung der Website. Oder Standard-Posts für Instagram oder Facebook. Im HR-Bereich sind es oft Einladungen
zu Interviews, Absagen etc. Oft ist ein erstes großes und wichtiges Paket
die Ausstattung des Vertriebs. Oder die 50 oder 100 wichtigsten Antwortbriefe im CRM.

H Optimierung der Briefings und der Text-Freigabeprozesse

Mit Hilfe des CL-Leitfadens können Sie nun zukünftig auch die Briefings konkretisieren. Legen Sie fest, über wie viele Stufen ein Überarbeitungsprozess sich ab jetzt noch bewegen sollte. Konzentrieren Sie sich auf inhaltliche Kritik. Das »Geschmackliche« regeln nun meistens die Mustertexte, die vereinbarte Tonalität und die vorhandenen Formulierungshilfen.

I Kommunikation der CL an die Mitarbeiter

Natürlich richtet sich eine Corporate Language zuerst an die texterstellenden, textbeurteilenden und texteinsetzenden Mitarbeiter. Aber warum sollen nicht alle Mitarbeiter von der neuen Unternehmenssprache erfahren? Schließlich ist sie vielleicht ein Teil eines Change-Prozesses oder Kulturwechsels im Unternehmen. Und Sie werden sich wundern, wer in Ihrem Unternehmen alles im Namen der Marke schreibt und spricht. Stichwort Interne Kommunikation. Starten Sie also eine interne Kampagne. Vielleicht mit einem »Tag der Sprache« in der Kantine, mit Postern, Plakaten, Post-its. Der Fantasie sind hierbei keine Grenzen gesetzt.

J Jährliche Reviews

Sprache verändert sich. Neue Technologien und Kanäle kommen hinzu. Auch neue Mitarbeiter kommen ins Unternehmen. Zeit für ein Auffrischen und Vertiefen. Was hat sich verändert? Ist unsere Sprache besser geworden? Wo brauchen wir neue Regelungen? Eine Namensarchitektur? Neue Content-Regeln? Einen Callcenter-Leitfaden?

Der Corporate-Language-Projektplan

Basisarbeit

Start-Workshop

- Betrachung der Markenpositionierung
- Definition Zielgruppe
- Definition der Wettbewerber, Medien und Kanäle
- Festlegen von Beispieltexten
- Definition von Milestones und Timing

Audio Audit

Strategie

Agenturarbeit

- Definition One Word Capital
- CL-Sprachinventur: Einsatz CL-Verständlichkeits-Index
- Werte-Analyse unter Einsatz der CL-Farbmethode
- Definition der Insights der Zielgruppen
- Festlegen der CL-Sprachstilgruppen
- Wettbewerbsanalyse Übertragung in eine CL-Sprachpositionierung
- Definition der generellen Tonality
- Analyse der Sprachstilwelten
- Word Cloud
- Analyse und Überarbeitung der Mustertexte
- Präsentation vor dem Task-Force-Team

CL entwickeln

Roadmap Corporate Language — 41

Leitfaden

Finalisierung

- Erarbeiten der CL-Kriterien
- Entwickeln des CL-Leitfadens (inkl. Formulierungshilfen, Zielgruppen-Besonderheiten, Schreibweisenliste, Mustertexten) als PDF, Print-Version oder als CL-App
- Empfehlungen für Audio / Voice
- Entwickeln One Pager
- Präsentation vor der GF

CL aufsetzen

Implementierung

- Etablieren von Sprachbotschaften
- Workshops mit Textverantwortlichen
- Entwickeln eines CL-E-Learnings
- Aufbau und Programmierung von Textscan-Software
- Aufbau und Programmierung einer CL-Sprachdatenbank
- Etablierung eines Editorial-Teams zur Übertragung der CL auf weitere Bereiche
- Etablieren einer festen »Instanz« für die Textqualität
- Etablierung eines Text-Freigabeprozesses
- Kommunikation der CL an die Mitarbeiter
- Jährliche Text-Reviews
- Übertragung in weitere Sprachen Voice / Audio-Implikationen

CL schulen + vertiefen

Über die Übung wacht der Meister.

Wie eine Software hilft, die Corporate Language zu implementieren.

»Alles Wissen und alle Vermehrung unseres Wissens endet nicht mit einem Schlusspunkt, sondern mit Fragezeichen«, schrieb Literatur-Nobelpreisträger Hermann Hesse. Und dieser kluge Satz lässt sich auch auf die Einführung einer Corporate Language übertragen. Ist ein Leitfaden für die Unternehmenssprache verfasst, ist die Arbeit nicht getan. Sie fängt dann erst richtig an. Implementierung heißt das Schlüsselwort.

Ein Unternehmen hat die Leitplanken einer Corporate Language gesetzt. Es hat dabei die Markenwerte in Sprachregeln umgesetzt, eine Word Cloud geschaffen, die Tonalität definiert, verbindliche Schreibweisen festgelegt – und noch so vieles mehr geleistet, was eine Corporate Language ausmacht. Im besten Fall hat es nicht nur alle Textverantwortlichen, sondern gleich alle Mitarbeiter von diesem Schritt begeistern können. Schließlich muss die Belegschaft einen Gedanken mittragen, um ihn später umzusetzen.

Doch wer weist die Kollegen ein? Wer schult sie? Und wer achtet darauf, dass die Richtlinien auch konsequent eingehalten werden? Mit anderen Worten: Nachdem das Unternehmen mit der Corporate Language im Wettbewerb ein Ausrufezeichen gesetzt hat, folgen intern ein paar Fragezeichen.

Daher sind einige Maßnahmen unerlässlich. Es sollte ein internes CL-Team geben, welches als Anlaufstelle bei Fragen, aber auch als Kontrollinstanz bei der Umsetzung fungiert. Workshops mit praktischen Übungen sind ebenfalls ein Muss. Da die Mitarbeiter aber meist bis über beide Ohren in ihren Aufgaben versinken, gelten solche Workshops oft als Zeitfresser. Es ist schwirig einen Termin zu finden, der alle zufriedenstellt.

In solchen Fällen helfen E-Learning-Programme. Sie können zeit- und ortsunabhängig genutzt werden. Noch besser ist es freilich, wenn ein elektronisches Hilfsmittel gleich die fertigen Texte begutachtet. Dazu gibt es mehrere Software-Lösungen im Markt. Eine möchten wir Ihnen hier näher vorstellen: Sie heißt CL-Textmaster.

Der zweite Teil des Namens ist dabei Programm. Denn die Doppeldeutigkeit des Begriffs Master spiegelt sich auch in der Funktion des Werkzeugs wider. Es ist sowohl Vorlage wie auch Lehrmeister. Der Autor gibt seinen Text in die Maske des Programms ein und dieses bewertet den Text dann nach bestimmten Parametern. Das klingt bekannt – und ist dennoch völlig neuartig. Denn, ja, es gibt bereits mehrere Programme, die die Verständlichkeit eines Textes durchleuchten. Aber diese Programme untersuchen eben auch nur die Verständlichkeit. Und das ist für eine Corporate Language lediglich ein Hygienefaktor.

CL-Textmaster
Eine Software hilft dem Texter, verständlich zu schreiben und den Markenfit zu treffen.

Verständlichkeit und Markenfit

Alle bisher auf dem Markt angebotenen elektronischen Analyse-Tools beschränken sich auf Verständlichkeitsindizes. Ihre methodischen Grundlagen sind durchaus fundiert, sie aufzuschlüsseln würde Laien aber keinen Spaß machen. Denn die Wissenschaft ist in diesem Bereich breit gefächert und bringt eine ganze Reihe unterschiedlicher Modelle hervor, wie die Wiener Sachtext-Formel, den SMOG-Index oder den Lix Lesbarkeitsindex. Und diese sind für die Analyse einer Corporate Language nur bedingt geeignet, da sie von anderen Prämissen ausgehen. So bestimmt beispielsweise die Wiener Sachtext-Formel, für welche Schulstufe ein Sachtext geeignet ist. Dazu kommen dann noch einige Textparameter, die seit langem in der Verständlichkeitsforschung berücksichtigt werden, etwa Wort- oder Satzlängen.

  Diese Verständlichkeitsprogramme wurden übrigens ursprünglich entwickelt, um die Verständlichkeit der Parteienkommunikation zu ermitteln – und kamen bis vor wenigen Jahren auch nur dort zum Einsatz. Erst seit Banken und Versicherungen sich entschlossen haben, ihre Kommunikation zu vereinfachen, wenden auch sie diese Mittel an. Damit analysieren sie: Erfasst der Leser den Inhalt des Geschriebenen? Vielleicht noch in welcher Geschwindigkeit. Mehr jedoch nicht. Andere Textkriterien, vor allem inhaltlich-qualitative, werden nicht untersucht.

  Bei einer Corporate Language kommt es aber auf mehr an als auf die reine Informationsfunktion. Sie muss gewährleisten, dass die Sprache eines Unternehmens exakt dessen Werten und Selbstverständnis entspricht. Dabei spielt Verständlichkeit natürlich auch eine Rolle. Bewährte und anerkannte Konzepte wie das »Hamburger Verständlichkeitsmodell« helfen auch, diese zu sichern. Doch Verständlichkeit ist hier nur *ein* Baustein in einem viel komplexeren Gesamtgefüge. Die Corporate Language berücksichtigt neben der Informationsfunktion zum Beispiel auch die persuasive, überzeugende Funktion einer Sprache. Sie klärt unter anderen die Fragen: Kommuniziere ich nicht nur verständlich, sondern auch wirksam? Spreche ich meine Zielgruppen in ihrer Sprache an? Verwende ich eine Tonalität, die dem Markenbild meines Unternehmens gerecht wird?

  Während gewöhnliche Verständlichkeitsindizes sich also auf einem rein linguistischen und kommunikationswissenschaftlichen Aufgabenfeld bewegen, bezieht eine Corporate Language die Dimensionen Werbung, PR und Marketing noch mit ein. Deshalb gehören zum Methodenkoffer der Corporate Language auch Modelle aus ebendiesen Bereichen. Als nur ein bekanntes Beispiel sei hier die AIDA-Formel erwähnt. (siehe Seite 210)

Sprache wird hier nicht isoliert betrachtet, sondern in einem aufwändigen Verfahren mit den Markenwerten eines Unternehmens in Einklang gebracht. Das hat auch Folgen für die Anwendung elektronischer Spracherkennungswerkzeuge. Dem Sprach-Scanner einer Corporate Language reicht es nicht aus, lediglich einzelne Sprachparameter anders zu justieren. Er muss individuell auf eine Sprache ausgerichtet werden, um den Markenfit zu prüfen. Dieses stellt der CL-Textmaster sicher. Denn dieser erlaubt es, alle wichtigen Kriterien der spezifischen Markensprache eines Unternehmens zu definieren und in Textregeln zu übertragen. So erhält jedes Unternehmen eine für die eigene CL maßgeschneiderte Software-Version.

Die Funktionsweise ist denkbar einfach. Setzt ein Text die markenspezifischen Sprachkriterien nicht korrekt um, so zeigt der CL-Textmaster dies an. Ebenso markiert er komplizierte Begriffe, zu lange Sätze, leseunfreundliche Textstrukturen oder verstaubte Floskeln. Weil er aber nicht belehren, sondern motivieren soll, tadelt das Tool nicht nur. Es benennt auch Alternativen, gibt Tipps und Ratschläge. Der CL-Textmaster kann mit einer Sprachdatenbank verbunden werden. Verwendet der Texter eines der vorher festgelegten Keywords in seinem Textentwurf, erhält er automatisch einen Hinweis, dass zu diesem Keyword bereits ein Textmodul existiert. Täglich angewendet, setzen die Nutzer so die markenspezifischen Sprachregeln und Mustermodule konsequenter um und verbessern mit Hilfe der Software ihren Schreibstil. Die Marke kann letztendlich ihre Positionierung deutlich machen und sich klarer vom Wettbewerb differenzieren.

Diese Software-as-a-Service-Lösung, die cloud-basiert oder auf den eigenen Unternehmens-Servern genutzt werden kann, funktioniert mit allen gängigen Betriebssystemen und Endgeräten. Regelmäßig wird sie auf die Updates der Unternehmenssprache aktualisiert. Ist eine Corporate Language im internationalen Einsatz? Dann können Varianten in unterschiedlichen Landessprachen erstellt werden.

Jede Corporate Language ist nur so gut wie ihre Implementierung im Unternehmen. Gedruckte Leitfäden werden vielleicht einmal gelesen und drohen dann vergessen zu werden. Eine Software als Textunterstützung hilft daher nicht nur Texter zu schulen, sondern auch das in eine Corporate Language investierte Budget zu sichern.

Der CL-Textmaster

CL-TEXTMASTER

DE ↶ ↷   Zielgruppe ▼   Text-Typ ▼   Textformatierung ▼

Stationäre Leistungen zu Lasten der Krankenversicherung

Sehr geehrter Herr Mustermann,

Sie möchten eine stationäre Vorsorgeleistung gemäß § 23 Sozialgesetzbuch Fünftes Buch (SGB V) bzw. Leitung zur medizinischen Rehabilitation gemäß § 26 Sozialgesetzbuch Neuntes Buch (SGB IX) in Verbindung mit § 40 Absatz 2 SGB V zu Lasten der Krankenversicherung beantragen.

In diesem Zusammenhang benötigen wir jedoch Ihre Hilfe: Nehmen Sie bitte zu den in der Anlage 1 gestellten Fragen kurz schriftlich Stellung. Anschließend bitte wir Sie, die Anlage 2 an Ihren behandelnden Arzt weiterzugeben, damit dieser die dort gestellten Fragen beantworten kann. Danach geben Sie uns bitte den Vordruck vollständig zurück. Bedenken Sie bitte, dass nur möglichst vollständige Angaben unsere Antragsbearbeitung erleichtern. Soweit vorhanden, sollte Ihr behandelnder Arzt daher ärztliche Gutachten, Befundungsberichte oder Krankenhausentlassungsberichte etc. beifügen. Diese Unterlagen sind zur kurzfristigen Einsichtnahme durch den Sozialmedizinischen Dienst bestimmt und werden Ihrem behandelnden Arzt selbstverständlich un

‹ **2 / 13** Verständlichkeit ›

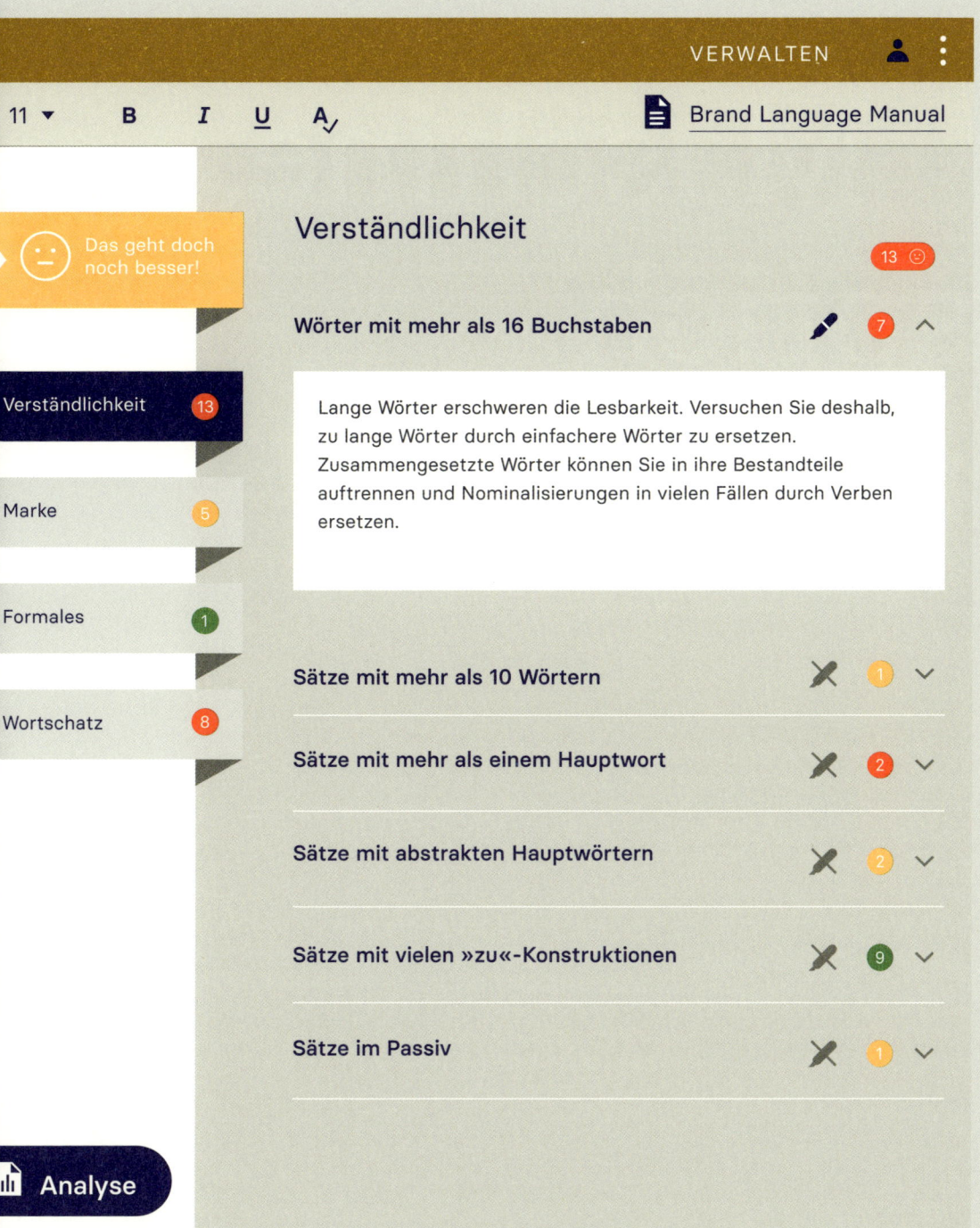

Mensch, Maschine, sprich mit mir!

Interview mit
Christian Hammerschmidt

Um die Bedeutung von Sprache für Assistenten besser verstehen zu können, traf sich Christian Daul mit Christian Hammerschmidt, Senior Brand Manager bei der DEUTSCHEN TELEKOM AG. Der studierte Informatiker hat langjährige Erfahrungen in der Produkt-Entwicklung und beschäftigt sich seit über drei Jahren intensiv mit dem Thema Voice-Technologie.

Die digitale Sprachtechnologie hat in den letzten fünf Jahren gewaltige Sprünge gemacht. Geht das Ihrer Meinung nach so weiter, wohin führt das?

Christian Hammerschmidt: Die Sprachtechnologie ist definitiv gekommen, um zu bleiben. Wir erleben eine rasante Entwicklung und ich gehe davon aus, dass sie entsprechend fortschreitet. Eigentlich sind wir ja noch in der Steinzeit, denn viele Feinheiten von Sprache und Bedeutung werden noch nicht richtig erkannt und die Mensch-Maschine-Interaktion ist noch lange nicht da, wo sie sein könnte. Aber ich bin sehr zuversichtlich, dass wir in weiteren drei bis fünf Jahren sehr viele der Kinderkrankheiten hinter uns haben und die Intelligenz und auch Natürlichkeit im Umgang mit der Technologie bekommen werden, die sich heute schon andeutet. Die Entwicklung ist klar vorgezeichnet, die Geschwindigkeit ist schwer einzuschätzen.

Wann rechnen Sie mit dialogfähigen Systemen, mit denen tiefere und längere Konversationen möglich sind?

CH: Kommunikation, wie sie zwischen Menschen stattfindet, ist für Maschinen eine anspruchsvolle Herausforderung und da wäre ich mit Prognosen vorsichtig, denn hier braucht es KI in einer anderen Dimension, als wir sie heute kennen. Hinzu kommen Fähigkeiten im Erkennen und Verstehen von Zwischentönen und emotionalen Nuancen, die für solche Dialoge wichtig sind. Dazu müssen Systeme auch unglaublich schnelle, komplexe Vorgänge beherrschen, die weitere technische Entwicklungen voraussetzen. Aber das liegt mehr im Bereich der Fiction wie zum Beispiel im Film »Her«. Was Maschinen in fünf bis zehn Jahren können, wird vieles in unserem Leben verbessern.

Von GOOGLE gibt es bereits Sprachtechnologien, die vom Internet unabhängig sind und in Chip-Form in unterschiedlichen Geräten verbreitet werden. Wie schätzen Sie diese Entwicklung ein?

CH: Das wird technisch sicher bald möglich sein, aber die Frage ist doch eher, ob es so sinnvoll ist. Für einfache Anwendungen mag das funktionieren, aber ich sehe die Limitation durch diese Lösung kritisch, denn sie ist ja immer von Hardware abhängig. Ich glaube, dass das Cloud-Paradigma, das AMAZON augenscheinlich präferiert, die stärkeren Potenziale aufweist. Es wird offenbar erst einmal auf einen Zweikampf dieser beiden Wege und auch Systeme hinauslaufen. Die Cloud-Plattform-Lösung erscheint mir flexibler, universeller und auf die zukünftigen Entwicklungen besser zugeschnitten.

Wie wird sich dieses Duell denn insgesamt entwickeln?

CH: Ich denke, dass neben den großen beiden US-Systemen auch ALIBABA aus China sehr ernst zu nehmen ist und auf einem ähnlichen Level agieren kann. Aber interessant wird doch sein, ob sich Player mit dieser Größe und der damit verbundenen Macht und all den damit einhergehenden Fragen in legislativer und soziologischer Hinsicht tatsächlich längerfristig werden halten können. In der Wirtschaftsgeschichte gibt es genügend Beispiele – ob Öl, Eisenbahn oder Versorgung –, dass solche Giganten Gefahr laufen reguliert oder zerschlagen zu werden. Daher kann ich mir längerfristig auch eine Ausdifferenzierung in kleinere Anbieter mit unterschiedlichen Schwerpunkten vorstellen.

Das ist ein gutes Stichwort, denn auch hier stellt sich ja eine Frage: Werden die Systeme aufgrund der immer größeren Datensätze nicht eher immer gleicher?

CH: Nein. Mehr Wissen führt zu Differenzierung, aber Daten müssen auch interpretiert werden, darin liegt die große Herausforderung. Es ist ja schon bemerkenswert, dass sich die bisherigen Systeme doch auch in ihrer Charakteristik bewusst unterscheiden. Ich glaube also nicht an einen Zufall oder ein paar eigenwillige Programmierer. Hier hat man eine ALEXA sehr absichtlich empfehlungs-freudiger und kumpelhafter gemacht, um die entsprechenden Effekte für AMAZON zu erreichen.

GOOGLE zeigt sich allwissend bis streberhaft, so, wie man es vom Suchmaschinen-Giganten erwarten kann. Da werden neben Geschäftsabsichten sicher auch Firmenkultur und Entwicklungsziele der Firmen eingearbeitet. Es gibt einen erkennbaren Schwerpunkt der Fähigkeiten, sozusagen einen »Stallgeruch der Systeme«. GOOGLE steht für Wissen, AMAZON hat klare Vorteile, wenn es um das Shoppen geht.

Es gibt die Hypothese, dass manche Antwort-Absonderlichkeiten von ALEXA absichtlich geplant sind, um das System insgesamt zu trainieren. Ist das realistisch?

CH: Das kann schon so sein. Man muss die Systeme tatsächlich immer wieder mit Unerwartetem konfrontieren, um die Lernkurve zu steigern. Das ist wie beim Menschen auch. Wenn alles immer in den gleichen vorhersehbaren Bahnen verläuft, entstehen keine großen Sprünge. An den realen, vielleicht irrationalen Irregularitäten können Systeme wachsen. Das ist plausibel.

Es gibt ja Zahlen von bis zu 10.000 Entwicklern oder Projektmitarbeitern, die für ALEXA zuständig sein sollen. Braucht es tatsächlich so viele Menschen für *ein* sprechendes System?

CH: Ich kann natürlich nicht für AMAZON sprechen. Aber es ist schon so, dass man für Systeme mit entsprechenden Kapazitäten und Eigenschaften viele Ressourcen einsetzen muss, um Qualität und Fortentwicklung sicherzustellen. Das ist ein kontinuierlicher Prozess mit sehr vielen Menschen mit unterschiedlichsten Profilen.
Auch bei der TELEKOM arbeiten sehr viele Menschen mit unterschiedlichsten Skills abteilungsübergreifend an unserem Sprachassistenten »Hallo Magenta«.

Wie groß ist der Einfluss von Linguisten und Sprachpraktikern auf diese Arbeit?

CH: Groß, aber er muss noch viel größer werden. Ich halte diesen Punkt für enorm wichtig, denn gerade die Interpretation und der Umgang mit Tonalität, Absicht und Kontext sind für alle Systeme immer noch eine der großen Herausforderungen, um mehr menschliche Interaktion zu erreichen. Genau dort haben diese Experten die Schlüsselrolle. Das kann und sollte man nicht Technikern oder Programmierern überlassen. Gerade bei gesprochener Sprache spielt eben das »Sprachgefühl« eine wichtige Rolle, denn es geht nicht um das übliche redaktionelle Editieren und Schreiben, sondern um das gesprochene Wort und Konversation. Da braucht es ein spezielles Skill Set mit den entsprechenden Erfahrungen und Hintergründen. Man sieht ja, dass Linguisten auf einmal stärker gesucht sind.

Schön zu hören. Einen Teil dieser Thematik versuchen aber auch zahlreiche Start-ups abzudecken, die sich im Bereich Voice Recognition bewegen. Wie wichtig ist dieser Bereich für Sie?

CH: Voice Recognition ist nicht neu. Das ist ein Thema, mit dem wir uns und natürlich auch alle anderen schon länger beschäftigen. Stimmen auslesen zu können und dadurch Emotionen oder Intentionen besser interpretieren und darauf reagieren zu können, wird maßgeblich zum Erfolg der Systeme beitragen. Das Zielbild ist der »Trusted Companion«, der durch Zuverlässigkeit, Sicherheit, Einfachheit und durch passgenaue Antworten ein überzeugendes Level an Sprachqualität erreicht. Denn wenn mein Sprachassistent mich wirklich versteht, werde ich mich mit ihm auch mehr austauschen wollen. Die Weiterentwicklung der Spracherkennung gehört also zu den wichtigen Ergänzungstechnologien, die dafür sorgen, dass wir die Fähigkeit zu menschenähnlicher Kommunikation weiter verbessern. Aktuell müssen wir uns noch sehr an die technischen Gegebenheiten der Systeme anpassen und sind noch weit entfernt von natürlicher Sprache. Erst wenn die Technik weiter fortgeschritten ist, kann das *WAS* vor dem *WIE* stehen.

Lassen Sie uns das *WAS* gerne aufgreifen. Manche sagen ja, dass das Internet die Texte verdirbt. Können Sprachassistenten uns wieder eine bessere Sprache beibringen?

CH: Das ist eine Frage, die mich schon lange beschäftigt. Für mich ist Sprache ein großes Konzept, das zeigt sich gut in der Poesie und ihren sprachlichen Mitteln, zum Beispiel das Sprechen in Metaphern. Das sehe ich bei Sprachsystemen noch lange nicht. In den meisten Fällen sprechen sie eine formal korrekte Sprache, aber sind doch noch sehr stark ergebnisorientiert. Man kann eigentlich vom »Jahrzehnt des Imperativ« sprechen, da uns die Befehlsform und eine stark bedürfnisorientierte Sprache im Dialog mit Sprachsystemen prägt.

Angefangen von den ersten Sprachsystemen in Service Hotlines, dann in Autos und Smartphones bis zu den Smart Speakern. Alle haben eines gemeinsam: Sie brauchen maximal effiziente, knappe und fast militärische Ansagen, da man sonst nicht verstanden wird. Was genau in welchem Umfang und in welcher Zeit einen Einfluss auf unsere »Spracherziehung« nimmt, ist wirklich schwer einzuschätzen. Aber es scheint so zu sein, dass von den Sprachsystemen auch eine gewisse Gefahr ausgeht. Kleinere Kinder, die mit den Geräten aufwachsen, übernehmen offenbar den »Kommando-Ton«, mit dem diese aktiviert und gesteuert werden, auch für ihre soziale Umwelt. Wie sich das in einigen Jahren auf die Sprache generell auswirkt, wissen wir noch nicht.

Apropos Kinder: Die ganz Jungen und die Alten sind ja zum ersten Mal in der Technikgeschichte die »Early Adopters« einer Technologie, während sich die Menschen von 25–65 Jahren eher schwerer tun. Wie ist das zu bewerten?

CH: Das ist recht eindeutig: Die Convenience und die User Experience dominieren hier. Für die Kinder ist es faszinierend, dass sie kaum sprechen und damit schon ganze Smart Homes steuern können. Für die Älteren ist oft zum ersten Mal der Zugang zum Internet und eine einfache Kommunikation mit Familienangehörigen möglich.

Da ist es kaum verwunderlich, dass in beiden Gruppen Bedenken hinsichtlich Datenschutz oder möglicher Mitschnitte nicht im Vordergrund stehen. Wenn der Nutzen so offensichtlich erkennbar ist, muss man keine Überzeugungsarbeit leisten. Das konnte ich in meiner eigenen Familie gut beobachten.

Was war das bisher unerwartetste Erlebnis, das Sie selbst mit den Systemen hatten?

CH: Eigentlich bin ich immer wieder überrascht, wie oft immer noch sehr grundlegende Verständnisprobleme einem positiven Erlebnis im Wege stehen. Zum Beispiel versteht meine ALEXA den einfachen Befehl »Mach das Licht an!« erst, nachdem ich in einem Skill bestimmte Lichtgruppen angelegt habe, die dann über einen dezidierten Befehl aktivierbar sind. Das ist weit weg von einem natürlichen, meinen Gewohnheiten entsprechenden Verhalten. Das ist jetzt vielleicht nicht so spektakulär unerwartet, aber für mich, der sich mit der Materie täglich befasst, immer wieder ein unangenehmer Reminder, wie eng die Grenzen doch immer noch sind.

Auch beim Humor scheint es noch Verbesserungspotenzial zu geben?

CH: In der Tat. Natürlich versuchen alle in ihren Produktpräsentationen etwas einzubauen, das Lacher hervorruft. Das hat bei APPLE und SIRI quasi Tradition, dass immer eine mehrdeutige, lustige Bemerkung zum Wettbewerber kommt. Aber das sind immer Lacher aus der Retorte. Geskriptete Witze. Wie im Grunde alles, was in den Systemen hinterlegt ist, wenn man um das Erzählen eines Witzes bittet. Das ist Datenbank-Humor und sehr banal. Systeme, die wirklich kontext-bezogene, situativ passende neue Witze erzählen, wären ein echter Durchbruch. Von dem scheinen alle Systeme heute noch ziemlich weit entfernt. Unfreiwillig komisch kommt dagegen regelmäßig vor. Aber sicher ist Humor ein Gradmesser für menschliches Gefühl und Verhalten und daher bei den Anwendern populär.

Jetzt mal Scherz beiseite und Fokus aufs Geschäftliche. Haben Sie einen Tipp, wie das Marketing die Systeme am besten einsetzen sollte?

CH: Der zentrale Aspekt bei der Entwicklung von Sprachanwendungen ist: Konzentration auf die Einfachheit! Hier werden oft noch viele und schmerzhafte Fehler gemacht. Wie bei dem Beispiel mit Alt und Jung gezeigt, ist die Darstellung von Nutzwert und das Erlebnis der Leichtigkeit und Eleganz, die Sprachsteuerung mit sich bringen sollte, der Schlüssel zum Erfolg. Sie müssen sich immer fragen: Profitiert der Nutzer wirklich von dieser Sprachanwendung? Ist der Service oder das Produkt dadurch besser geworden? Wo addiert Sprache etwas in der gesamten User Journey? In der Skill- ist es wie in der Mobile-App-Ökonomie. Nur die besten und nützlichsten Anwendungen können überleben.

Die zweite Herausforderung wird im Voice Commerce liegen. Für Marken ist es sehr wichtig zu beobachten, wie sich durch Sprachsysteme das Kaufverhalten verändern wird. Das stellt neue Fragen an die Sichtbarkeit, Unterscheidbarkeit und Produktbeschreibung.

Aber natürlich auch an Themen wie Kontaktkosten, Conversion, Bezahlung, Retourenquoten oder Empfehlungsmarketing. Da sind wir noch ganz am Anfang. Man kann schon sagen, dass der Kampf um Aufmerksamkeit sicher nicht einfacher wird, wenn es kein Schaufenster gibt.

Eine Frage noch zum Schluss:
Gibt es eine Killer-Applikation für Sprache?

CH: Ich glaube, dass es nicht so einfach ist, »die Killer-Anwendung« zu prognostizieren, aber mit Blick auf Dienste wie WHATSAPP oder WECHAT könnte ich mir vorstellen, dass enorm erfolgreiche Anwendungen aus dem Bereich Kommunikation kommen werden.

Das ist einfach ein menschliches Grundbedürfnis. Und wenn man unterschiedliche Bedürfnisse und Wünsche clever zusammenfasst, kann hier eine neue, intuitivere Art der fernmündlichen Kommunikation entstehen.

Die Rückkehr der Ohren.

Voice — das Interface der Zukunft.

von
Christian Daul

Christian Daul ist seit Anfang 2019 CEO von REINSCLASSEN, wo er nicht nur seine Leidenschaft für Sprache weiterentwickelt, sondern auch die Themen Voice Marketing und Sprach-Interfaces. Er glaubt an die positiven Effekte von Machine Learning und sieht neue Technologie als kreatives Erweiterungsfeld.

Am 28. August 1922 um 15:15 Uhr Ortszeit stellte sich in New York City zum ersten Mal eine Frage, die sich zuvor so nie gestellt hatte: Wie klingt eine Marke? Zu diesem Zeitpunkt ging der erste kommerzielle Radio-Werbespot der Welt über den Äther. So nannte man den Luftraum als Medium für alle Übertragungswellen – ob Licht oder Elektromagnetik.

WEAF war die Radiostation, die seit dem 2. März des gleichen Jahres funkte und AT&T und WESTERN ELECTRIC gehörte. Bis heute ist nicht ganz klar, ob diese Abkürzung für WESTERN ELECTRIC, AT&T FONE oder für die vier Elemente Water, Earth, Air und Fire stand. Genauso wenig ist klar, ob der Spot, der für ein Appartementhaus warb (schon damals waren Immobilien offenbar *das* Thema) eine akustische Absender-Kennung enthielt. Vermutlich war man damit noch überfordert.

Gesichert ist, dass hierzulande Elly Heuss-Knapp, die Ehefrau des späteren Bundespräsidenten, den Radio-Jingle um 1933 erfand und akustische Warenzeichen patentieren ließ. Die Marken damals waren übrigens unter anderem NIVEA, WYBERT, BLAUPUNKT, ERDAL und PERSIL.[1] Mit dem Siegeszug des Werbefernsehens wurden Jingle und Soundlogo zu wichtigen Elementen der Markenführung.

Der Trend zum Bewegtbild ab den Nuller-Jahren im Internet steigerte die Dominanz des Visuellen. Das Akustische wurde in den Hintergrund gedrängt. Vieles, was an Bewegtbild-Werbung im Web oder im digital Out-of-Home angeboten wurde, musste ohne Sound auskommen. Teilweise komplett, weil es technisch nicht möglich war, oder nur optional, wenn vom Nutzer erwünscht. Hinzu kamen stark visuell orientierte Entwicklungen im Bereich von Interaktion und Projektion, die oft ohne Sound funktionierten. Oder ihn als bloße Dekoration nutzten.

Wenig hilfreich war in diesem Zusammenhang auch der Hype um Klingeltöne in der ersten Welle der mobilen Telefone. Sie füllten die Konten mancher Start-ups, aber erhöhten leider auch den Blutdruck vieler leidender Zeitgenossen. Überhaupt haben die Smartphones zunächst ebenfalls das Visuelle promotet, da ob ihrer Omnipräsenz in der Öffentlichkeit Akustisches gar nicht wünschenswert erschien.

Quellen:
Nummer 1 – 10
Seite 222

Auf die zahlreichen Töne, die Bedienung und soziale Netzwerke (man denke an das Twitter-Gezwitscher) in den Geräten auslösten, folgten reflexhafte Ansagen, die Geräte doch bitte auf stumm zu schalten. Kein Kinofilm beginnt ohne diesen obligatorischen Hinweis – mal heiter, mal ernst inszeniert. Der »Homunculus digitalis«, die künstlich erdachte Menschenfigur mit Proportionen nach der Nutzung der Sinne, hat sehr große Hände und Augen, aber relativ kleine Ohren und auch keinen großen Mund.

Sprechen und Hören bekommen eine neue Bedeutung.

Das alles beginnt sich langsam, aber stetig zu verändern. Denn nun verstärken sich ein großer Trend und wichtige technische Entwicklungen, die gemeinsam in eine Richtung wirken: Sprechen und Hören bekommen eine neue Bedeutung. Und dadurch werden Sprache und Audio zu wichtigen Themen für die Unternehmen und Marken.

Betrachten wir diese Entwicklung und ihre Konsequenzen für das Marketing genauer: Der grundlegende Trend ist die Gegenreaktion auf unsere digitale Überforderung und die Überreizung mit Bilderfluten. Forscher haben ermittelt, dass wir bis zu 74-mal am Tag[2] auf unseren Smartphone-Screen blicken. Meist eine optische Information erwartend. Dabei werden wir am Tag mit bis zu 10.000 Werbebotschaften befeuert.[3] Viele davon als Bewegtbild. Die Konsequenz sind digitale Erschöpfung, Informationsverdrossenheit, Werbemüdigkeit und als technische Radikal-Lösung: der Adblocker. Der Aufstieg von NETFLIX ist auch eine Absage an das werbefinanzierte, lineare Fernsehprogramm, das hauptsächlich für die Erzeugung und Monetarisierung von Werbeaufmerksamkeit strukturiert wurde.

Aber es gibt auch einen großen Profiteur dieser Entwicklung. Audio und Podcasts sind in einem lang anhaltenden Aufschwung, denn der Hörsinn wird zur Fluchtburg für ein überreiztes Publikum. Längst sieht man in Bussen und U-Bahnen, in Parks und Sportstudios Menschen, die nicht mehr nur Musik hören, sondern die unterschiedlichsten Audio-Inhalte konsumieren. Dies lässt sich nicht nur mit anderen Aktivitäten kombinieren, sondern auch mit dem eigenen Kopf-Kino. Hören lässt Raum für eigenes Mitdenken und schafft innere Bilder, ist also von der Hirnaktivität anders einzuschätzen als etwa Filme schauen. Viele Menschen schätzen das als Befreiung und akzeptieren auch, dass sich Unternehmen und Marken in diesem Umfeld bewegen – vor allem, wenn es in adäquater und subtiler Form geschieht. SPOTIFY als Marktführer im Musikstreaming hat mit dem Kauf von GIMLET MEDIA gezeigt, wie wichtig diese neuen Audio-Formate für die Zukunft der gesamten Branche eingeschätzt werden, und möchte nichts weniger als das »NETFLIX des Hörens«[4] werden.

Der technische Fortschritt der Digitalisierung und hier konkret der Datenanalyse macht auch vor diesem Medium nicht Halt und ermöglicht über »addressable audio«[5] sogar die Ansprache von Zielgruppen, die man aufgrund von Adblocking kaum mehr erreicht.

Voice Technology erobert alle Lebensbereiche.

Digitale Grundlagen stehen auch für die fulminante technische Entwicklung hinter dem Aufstieg der Voice-Technologie. Hier wirken die Entwicklungen in Rechenkapazität, Computer-Linguistik, KI und Machine Learning, gepaart mit immer besserem Natural Language Processing synergistisch zusammen und ermöglichen vor kurzem noch unerwartete, große Fortschritte. Voice wird daher als das Interface der Zukunft gehandelt, denn es kombiniert Schnelligkeit, Direktheit, Einfachheit mit der Möglichkeit, auch emotionale Nuancen auszulesen. Im Mobile als erstes, inzwischen auch auf Desktop, im Auto und als Home Device und bald auch (Stichwort Internet of Things) als Smart Home: Voice Technology erobert alle Lebensbereiche. Weltweit sind schon über 100 Millionen Smart Speaker[6] auf Empfang und AMAZON pusht seine ALEXA-Technologie durch die Integration in über 5.000 andere Marken. HORIZONT vermeldet im Juli 2018: »Fast jeder zweite Deutsche geht mit ALEXA ins Bett.« GOOGLE hat nach eigener Auskunft seit Oktober 2017 jede Sekunde einen GOOGLE HOME verkauft.[7] Damit gehört Voice zu den Technologien mit der schnellsten Durchdringungsrate aller Zeiten. Zum Vergleich: Um 50 Millionen Menschen zu erreichen, benötigte das Fernsehen 13 Jahre, das Smartphone drei Jahre. Smart Speaker haben es in weniger als einem Jahr geschafft.

Und das wohlgemerkt, obwohl ALEXA & Co. längst noch nicht dort sind, wo sie sein könnten. Die Kinderkrankheiten, Unzulänglichkeiten, Missverständnisse und natürlich auch die kleinen Betriebsunfälle sorgen immer wieder für Meldungen und Anekdoten. Meine liebste ist die von Papagei Rocco, der mit ALEXA versucht haben soll, sich einen Kollegen zu bestellen.[8] Es gibt sogar die Theorie im Netz, dass all diese Nachrichten zum Marketing der Gattung gehören und manches bewusst lanciert wurde.

Die nächsten wichtigen Schritte werden das bessere Verständnis für Emotionen und Zwischentöne sein. Voice Recognition ist eine der am stärksten wachsenden Teilmärkte mit vielen Start-ups, von denen sicherlich einige in den nächsten Jahren von den großen Anbietern geschluckt werden dürften. Die Wertentwicklung wird für 2025 mit etwa 28 Milliarden Euro geschätzt.[9]

Diesem Wert liegt die Erkenntnis zugrunde, dass Stimme sehr viel mehr über unsere Emotionen und unsere Verfassung verrät als Text. Man kann also aus einer Stimme viel mehr herauslesen und weitere Schlüsse und Vorhersagen ableiten. Stellen Sie sich vor, der Assistent merkt sofort, dass Sie gestresst sind, Ihre Frage fröhlich stellen oder ein Kratzen Ihrer Stimme signalisiert, dass eine Erkältung heraufzieht. Der nächste Evolutionssprung wird die deutlich verbesserte Dialogfähigkeit sein. Die Assistenten der nahen Zukunft werden dem Anspruch ihres Titels gerechter und zu echten Begleitern unseres Lebens werden. Wie ein allwissender Berater, Butler oder Planer werden sie uns durch den Alltag navigieren und für uns mit- und vorausdenken.

In naher Zukunft werden wir uns in tiefen und klugen Dialogen mit Maschinen wiederfinden, die so gar nichts mit den heute teils noch lächerlichen Antworten von ALEXA oder SIRI zu tun haben. Noch sind die Systeme in der Grundschule, aber sie werden bald die Universität mit einem Top-Abschluss verlassen. Voice lässt keinen Abstand zum Menschen mehr. Wir werden tatsächlich keinen Unterschied hören können. Die erste Generation der Bots kommt nicht als Blechmaschine durch den Haupteingang zu uns, sondern durch den Gehörgang. Ist das erschreckend? Bevor Sie vorschnell urteilen, eine Frage: Was ist Ihnen bei einem technischen Service-Thema lieber: Mit einem höflichen, gut verständlichen, engelsgeduldigen und perfekt informierten digitalen Auskunftsassistenten zu sprechen? Oder mit einem Callcenter-Mitarbeiter in einem preiswerten Teil der Welt, der oft weder Sie noch das Thema wirklich zu verstehen scheint?

Sehen Sie. Aber natürlich ist das Thema komplexer und es stellen sich viele weitere interessante Fragen: Wird es ein universelles Signal geben, das einem Hörer klar macht, ob ein Mensch oder eine Maschine spricht? Was ist der Wert eines echten menschlichen Gesprächs? Darf eine Maschine aktiv lügen, um vorzugeben, ein Mensch zu sein? Haben Tonaufnahmen als Beweismittel zukünftig überhaupt noch einen Wert? Wird es eine Zwei-Klassen-Gesellschaft geben, aus denen, die mit Maschinen sprechen müssen, und denen, die echte Menschen als Ansprechpartner bekommen? Wird es digitale Telefonseelsorge geben? Oder ärztliche Notdienste? Ist der erste Robo-Cop eine Notruf-Maschine, die genau heraushören kann, in welcher Notlage sich der Anrufer befindet, und präzise die richtigen Schritte einleitet? Wollen wir Bewerbungsgespräche mit Systemen, die aus jeder Stimm-Nuance die Glaubwürdigkeit unserer Aussagen bewerten können? Wie lange wird es noch menschliche Radiomoderatoren geben? Werden unsere Kinder mithilfe von Bots das Sprechen lernen? Dürfen Bots fluchen? Worüber werden die Bots miteinander sprechen? Mit welchem Ergebnis?

Damit ist klar, dass es auch ethische Betrachtungen geben muss und einen Kodex für die Mensch-Maschine-Beziehung.

Eine neue Form der Suche.

Aber kommen wir zurück ins Jetzt, denn schon heute stellen sich wichtige Fragen für Kommunikation und Marketing.

Wie kommen eigentlich Marken in ALEXA, SIRI, GOOGLE oder CORTANA hinein? Wie sprechen die Systeme über ein Unternehmen? Wie macht man aus SIRI eine gute Verkäuferin? Kann ALEXA auch etwas empfehlen, das AMAZON gar nicht liefert?

Das sind Fragen, die wiederum eine neue Form der Suche nach sich ziehen. Aus Text Search wird Voice Search und aus SEO wird Voice Search Optimization. Noch ist dieses Feld in den Anfängen, aber die fundamentale Veränderung wird deutlich, wenn man bedenkt, dass nicht mehr wie bisher ganze Listen mit Suchergebnissen gezeigt werden können und auch keine Anzeigen-Werbung mehr an den Rändern. Es kommt auf Nachfrage genau eine Antwort, Position Zero genannt. Das stellt weite Teile der bisherigen Such-Ökonomie auf den Kopf und ist nicht nur für Unternehmen, die sich platzieren wollen, eine neue Herausforderung, sondern auch für die Suchmaschinen selbst.

Der Plural ist hier durchaus berechtigt. Denn während GOOGLE bei der Textsuche hierzulande einen Marktanteil von über 85 % im Bereich Desktop hat und mehr als 98 % bei mobilen Geräten, suchen die Assistenten nicht nur bei GOOGLE. ALEXA und Familienmitglied CORTANA nutzen für Suchergebnisse BING und SIRI ist erst 2018 von dort zu GOOGLE gewechselt. BIXBY, der Assistent von SAMSUNG, nutzt zwar auch GOOGLE, sein Marktanteil ist aber aktuell verschwindend gering.

Der Umbau ist radikal und man kann sagen, dass aus Suchmaschinen Antwort-Maschinen werden müssen. Denn je mehr direkt verwertbares »Antwort-Material« ein Voice-System findet, umso höher wird die Chance sein, dass es dieses auch verwendet und »ausspricht«. Es kommt also weniger darauf an, abstraktes Wissen oder Feststellungen ins Web zu stellen, sondern sich immer damit zu beschäftigen, ob dieser Content bei der Beantwortung einer W-Frage helfen könnte. Das alles ist auch für die Internet-Giganten noch »Work in Progress«, sodass es noch keine verlässlichen Standards gibt. Vieles ist noch Trial and Error.

Markenwerte, die sofort in den Kopf kommen.

Eines aber ist sicher. Eine Corporate Language ist auch im Bereich Voice und Audio die Grundlage, um überhaupt richtig wahrgenommen werden zu können. Selbst bisherige Gattungs-Champions wie TEMPO oder UHU können sich ihrer Sache nicht mehr sicher sein. SIRI nimmt an, dass es sich hierbei nicht um Papiertaschentücher, sondern um ein musikalisches Zeitmaß handelt. CORTANA scheint irgendwie überzeugt, dass man mit einem Eulenvogel auch Dinge im Haushalt kleben könnte. Während ALEXA wie erwartet größere Probleme hat, das Zubehör für einen Golf vom Zubehör fürs Golfen zu unterscheiden.

Namen sind nur das Eine. Eine solide Corporate Language stellt vor allem sicher, dass Marken und Unternehmen mit eindeutigen Attributen verbunden sind. Das differenziert nicht nur, sondern ermöglicht auch die Chance, dass man schon direkt anders gesucht wird.

Denn wenn der Mensch bei GOOGLE bereits genauer sagt, was er möchte, ist die Wahrscheinlichkeit viel größer, auch spezifische Empfehlungen zu bekommen. Da hilft ein »One Word Capital« enorm. Oder über längere Zeit aufgebaute und formulierte Markenwerte, die sofort in den Kopf kommen. Und die somit besonders leicht von der Zunge gehen. Von der gesprungenen Autoscheibe zu CARGLASS ist es auch für SIRI ein leichterer Sprung.

Denn ganz wichtig: Es gilt das gesprochene Wort. Forscher haben herausgefunden, dass per Sprache anders gesucht wird als mit Texteingabe. Die Wortverknüpfungen und Mengen sind umfangreicher und das Ganze beruht eher auf Dialogen. Weshalb manche auch schon von »Conversational Search« sprechen.

Damit lassen sich vier Grundregeln der sprechenden Zukunft ableiten:
1. Berücksichtigen Sie bei einer Corporate-Language-Entwicklung auch die Kanäle Audio und Voice. Welche Ihrer Unternehmens- und Markenwerte sollen SIRI & Co. in der gesprochen Sprache abbilden? In welcher Tonalität? Bilden Sie sich mit Ihrer Corporate Language auch gleichzeitig (also jetzt, die Uhr läuft!) ein One Word Capital, das Ihnen keiner mehr wegnehmen kann. Übrigens: Einzelne Keywords wird es immer weniger geben, wichtiger sind die richtigen verbundenen Worte (sogenannte Long Tail Keywords).

2. Seien Sie so umgangssprachlich, dialog-orientiert und »normal« wie möglich in Ihren Formulierungen. Seien Sie aber vor allem kurz und knapp, denn dann kann es eine Maschine auch schnell aufschnappen.

3. Fragen Sie sich, mit welcher Motivation nach Ihnen gesucht werden könnte, und entwickeln Sie entsprechenden Content dafür. Dieser sollte interessanterweise auch Videos beinhalten, denn das wird belohnt.

4. Stellen Sie sicher, dass Ihre Seite sehr schnell lädt, denn man wartet nicht gerne lange auf Antworten. Dialog erfordert real-time.

Wer zusätzlich noch an seinem Corporate-Audio-Auftritt und Sound-Profil arbeitet, hat gute Chancen, akustische Markenfelder zu besetzen und schnell rein auditiv erkennbar zu sein. Dies ist eine eigene respektable Wissenschaft von Musikexperten, Sound-Tüftlern und Komponisten, die ebenfalls etwas vernachlässigt wurde. Wie klingt eine Nuss-Nougat-Creme? Welche Töne passen zu einem edlen Füllfederhalter? Welche Zielgruppen reagieren weltweit wie auf welche Rhythmen?

Oft sind sich Unternehmen gar nicht im Klaren darüber, wo überall eine Marke auditiv in Erscheinung treten kann. In der Telefon-Warteschleife, im Firmenaufzug, auf Messen und Events, in Läden und Outlets – ja auch das Produkt oder die Dienstleistung selbst sollte in eine Audio-Strategie unbedingt einbezogen werden. So stellen sich im Zuge der Elektrifizierung der Automobile automatisch Fragen, wie die Fahrzeuge für die Fahrer »klingen«, wie die Umwelt sie wahrnimmt und ob man in einem viel leiseren Verkehr ganz andere Signale und Rückmeldungen benötigt. MASTERCARD hat erhebliche Anstrengungen unternommen, um seine an sich digital stummen Transaktionen akustisch zu branden und sie so an die Marke binden zu können.[10] Ein gelungenes Beispiel für eine konsequente Umsetzung und tiefe Integration des Auditiven in alle relevanten Touchpoints. Das Zeitalter der nichtvisuellen Interfaces ist angebrochen. Höchste Zeit also, sich rechtzeitig um die eigene Audio-Identität zu kümmern und mit einer Corporate Language die Grundlage zu schaffen. In der neuen Welt der Worte kommt es nicht mehr nur darauf an, wie über eine Marke gesprochen wird. Sondern wie sie sich selbst artikuliert.

KI, kannst du kreativ?

von
Reinhard Karger

Printmedien, Internet, Social Media, Sprachassistenten... in welchem Bereich wird Corporate Language demnächst unentbehrlich sein? Haben Sie schon einmal von GOOGLE DUPLEX gehört? GOOGLE hat seinen telefonierenden Assistenten vorgestellt, der eigenständig Anrufe durchführen kann. Er kann eigenständig Termine beim Friseur arrangieren oder einen Tisch im Restaurant reservieren. Er ist von einem Menschen kaum zu unterscheiden. Denn er nutzt sogar Verzögerungslaute wie äh, ähm oder mhh. In naher Zukunft wird er auch Dialekte beherrschen. Damit ist GOOGLE DUPLEX schon weiter als EMMA, einem KI-Roboter mit Schreibprogramm. Er wurde bekannt durch seinen »Sieg« über die FINANCIAL-TIMES-Journalistin Sarah O'Connor. Worum ging es? EMMA und Sarah mussten einen Artikel über die Beschäftigungsdaten in Großbritannien verfassen. EMMA war nicht nur 23 Minuten schneller als Sarah, sondern ihr Text war auch qualitativ besser.*
Macht KI den Texter am Ende arbeitslos?
Reinhard Karger gibt Entwarnung.

*Zum Nachlesen: Bernhard von Mutius: Disruptive Thinking, GABAL VERLAG ab Seite 177

Die KI-Erfolge der letzten zehn Jahre sind fulminant. Die Fortschritte für jeden erlebbar und mittlerweile so alltäglich, dass kaum jemand an KI denkt. Die Gegenwart bestätigt KI-Pionier John McCarthy in seiner Einschätzung »Sobald es funktioniert, nennt es keiner mehr KI« (»*As soon as it works, no one calls it AI any more.*«). Fotos werden automatisch verschlagwortet, Gesichter erkannt, Personen identifiziert. Objekte kann man begrifflich in seiner Foto-App suchen. Videos werden automatisch und in Echtzeit untertitelt. Spracherkennung ist nicht fehlerfrei, aber Diktiersysteme sind hilfreich. Maschinelle Textübersetzung liefert nicht immer optimale Resultate, unterstützt aber multilinguale Kommunikation. Navigationssysteme nutzen KI-Technologie für die Errechnung der Route und optimieren in Echtzeit, wenn Verzögerungen drohen. Menschen und Roboter kollaborieren in der Produktion. Und auch Texte werden automatisch erzeugt. Alle nutzen die Ergebnisse, aber bei KI denken die meisten an Zukunft und erwarten immer noch Magie.

Künstliche Intelligenz meint die Digitalisierung menschlicher Wissensfähigkeiten oder wie es John McCarthy, Marvin Minsky, Nathaniel Rochester und Claude Shannon im Antrag für die Dartmouth Sommerschule 1956 formuliert haben, dass man davon ausgehe, dass jeder Aspekt des Lernens oder jedes andere Merkmal von Intelligenz so präzise beschreibbar ist, dass eine Maschine gebaut werden kann, die das simuliert. Bei KI geht es um Abstraktion, Klassifikation und Kombination.

Bei Kreativität hingegen geht es um Vernunft, um emotionale und soziale Intelligenz. Kreativität kann man nicht simulieren, man kann nur kreativ sein. Und auch nur deshalb, weil der Mensch sich als Subjekt erlebt.

Die Maschine versteht die Welt nicht

Das Selbstbewusstsein unterscheidet den Menschen von Tier und Maschine. Das führt uns kurz zu Kant, Fichte, Frege und Dilthey: »Das: Ich denke, muss alle meine Vorstellungen begleiten können« (Kant, 1787), »Man kann von seinem Selbstbewusstseyn nie abstrahiren« (Fichte, 1794), »Wenn zwei sich dasselbe vorstellen, so hat jeder doch seine eigene Vorstellung« (Frege, 1892), »Wir nennen den Vorgang, in welchem wir aus Zeichen, die von außen sinnlich gegeben sind, ein Inneres erkennen: *Verstehen*« (Dilthey, 1900). Die Maschine ist kein Subjekt, handelt nicht selbstursprünglich, hat weder Wille noch Vorstellung, versteht die Welt nicht, hat keine Lebens- oder Leidensfähigkeit. Ohne Leben kann man nun mal nichts erleben! Also erwirbt eine Maschine auch keine Erfahrung. Zwar technische Fähigkeiten, aber nicht kenntnisreiche Fertigkeiten, Information schon, Wissen vielleicht, aber keine Bildung.

Ja, aber! Kreativität und KI? Die Frage ist berechtigt. Die Verwirrung ist groß. Genauer die Sprachverwirrung. Das gilt es aufzulösen. Ansonsten gewinnen die lauten Töne, die markigen Versprechungen. Was noch nicht einmal wirklich schlimm wäre, denn Systeme, die Erwartungen letztendlich nicht einlösen, werden eben nicht genutzt und die Investitionen abgeschrieben. Desaströs ist, dass in der aktuell marktschreierischen Zwischenzeit die Kreativen sich trotz Talent, Studium und Übung existenziell bedroht fühlen und die technologischen Chancen nicht nutzen wollen, weil sie den Phantomschmerz einer scheinbar nahenden Niederlage halluzinieren.

Im Fokus des KI-Projekts stehen Wissensfähigkeiten und Kognition. Da kennen Menschen sich aus und haben eine Sprache, die für Menschen fantastisch ist, die uns aber mental straucheln lässt, wenn wir sie als falsche Analogie für maschinelle Leistungen verwenden. Verben für das sinnliche Wahrnehmen, wie »sehen«, »hören«, »riechen«, »fühlen«, »schmecken« setzen organische Sensorik und erlebte Empfindungsaktivität voraus.

Performative Verben wie »versprechen«, »bitten«, »warnen«, die einen Sprechakt bezeichnen, Kognitionsverben wie »denken«, »meinen«, »vermuten«, Kommunikationsverben wie »sagen«, »behaupten«, »feststellen« setzen die Existenz eines menschlichen Subjekts voraus.

ALEXA und SIRI haben kein Ich, das denkt oder hört

Wir haben keine Sprache, keine neuen Verben für die maschinellen Fähigkeiten, deren Ergebnisse oberflächlich einer menschlichen Fähigkeit entsprechen. AMAZON, APPLE und GOOGLE bieten Sprachassistenten, die ein Kochrezept finden oder das Wetter am Zielort mit einer synthetischen Stimme ausgeben und eilfertig einen Tipp für die passende Kleidung ergänzen. Aber ALEXA hört nicht zu und SIRI denkt nicht nach, denn sie haben kein Ich, das denkt oder hört. Und damit sind wir beim Papagei, der menschlich klingende Sprachlaute produziert und sogar eine Stimme nachahmen kann. Von dem keiner annimmt, dass er das inhaltlich absichtsvoll bzw. im Bewusstsein der Bedeutung tut. Er kann es und es kann unterhaltsam sein, aber es entsteht keine Unterhaltung. Alan Turing nannte den nach ihm benannten Test 1950 das »Imitation Game«. Eine Maschine besteht diesen Test, wenn ein Mensch die Ausgabe der Maschine nicht mehr von einer menschlichen Ausgabe unterscheiden kann. So waren die Pioniere und Gründerväter sehr präzise bei dem, was sie erreichen wollten. Eine Maschine, die menschliche Fähigkeiten simulieren und imitieren kann.

KI unterstützt mittlerweile Radiologen beim Erkennen von Hautkrebs. Dermatologen und Hausärzte hilft sie bei der Frühdiagnostik neurodegenerativer Syndrome. Das ist in manchen Fällen lebensrettend. Aber kein System ersetzt das Gespräch zwischen Arzt und Patient. Der Arzt weiß, was seine Worte für den Patienten bedeuten, weiß aus eigener Anschauung, wie sich Hoffnung anfühlt und wie sehr Gesundung ersehnt wird. Und er weiß, dass die richtige Betonung erstaunliche Selbstheilungskräfte freisetzen kann. Mustererkennung kann das nicht leisten, kann eingesetzt werden bei der Analyse von Massendaten oder für Produktempfehlungssysteme und natürlich Profilierung und Matching für werdende Paare und andere Erlebnissucher.

Nur in fiktionalen Nischen geht es um Menschmaschinen und Maschinenbewusstsein. Zugegeben sehr unterhaltsam und oft mit Blockbuster-Appeal. In manchen Veröffentlichungen geht es um Singularität. Mit Singularität wird der Moment bezeichnet, in dem ein integriertes technisches System Menschen in allen Dimensionen der Intelligenz ebenbürtig ist und wegen ingenieurswissenschaftlicher Exponentialität dann sehr rasch überlegen sein wird. Diese »Starke KI« zielt auf das umfassende künstliche Etwas – letztendlich und notwendigerweise mit einem maschinellen Bewusstsein – den Homunculus, das künstliche Menschlein als Kopfgeburt.

Die Wissenschaft hat aktuell kein Modell des menschlichen Selbstbewusstseins, deshalb ist das maschinelle Bewusstsein ein interessantes Gedankenspiel, aber keine Realität. Man muss sagen, dass niemand ein Naturgesetz benennen kann, das die Entwicklung von maschinellem

Bewusstsein prinzipiell ausschließt. Aber nach allem, was man aktuell weiß, kann man allerdings sagen, dass die Entstehung oder die Herstellung einer Maschine, die Selbstbewusstsein entwickelt, extrem unwahrscheinlich erscheint.

Zusammen sind KI und Mensch unschlagbar

KI, kannst du kreativ? Nein, aber das ist auch nicht schlimm. Man spricht oft von Deep Learning, aber das bedeutet weder tiefes Lernen noch tiefe Erkenntnis, sondern das Erkennen von Mustern. Das ist sehr leistungsfähig, aber erkennen ist nicht verstehen. Wahrnehmen ist nicht empfinden. Kombinatorik ist nicht Kreation. Nicht Reim oder Versmaß sind notwendig für ein Gedicht, sondern Gedanken und Empfindungen.

KI liefert kognitive und physische Verstärker, verleiht aber weder Flügel noch Zauberkräfte. Ziel sind Werkzeuge. Mensch mit Werkzeug macht bessere Ergebnisse. Werkzeuge haben Eigenschaften und werden für Zwecke eingesetzt, damit Ziele effizienter oder mit höherer Qualität erreicht werden. Aber nicht das Werkzeug, sondern der Meister erschafft das Werkstück. Der Mensch hat Begabung und Erfahrung und die Werkzeuge werden immer leistungsfähiger. Zusammen sind KI und Mensch unschlagbar, so der ehemalige Schach-Weltmeister Garri Kasparow in seinem Buch »Deep Thinking«, in dem er 2017 sein Trauma aufarbeitet nach der von ihm verständlicherweise als dramatisch empfundenen Niederlage gegen IBMs Deep Blue 1997.

Kreativität kann man als Ergebnis oder als Haltung verstehen. Kreieren meint Neues schaffen oder erschaffen. So gesehen ist ein Computer dann »kreativ«, wenn ein Ergebnis produziert wird, das es vorher so noch nicht gegeben hat. Technisch. Aber Krickelkrakel nennen wir nicht kreativ, selbst wenn es diese Linien und diese Punkte in dieser Anordnung so noch nie gegeben hat. Kulturell müssen Relevanz und Originalität dazukommen, damit wir einen Menschen oder ein Ergebnis – oder selbst eine Buchführung – kreativ nennen. Ein kreativer Geist hat Ideen, wobei die gute Idee oft die überraschende und neue Verbindung, die erhellende Sicht, die treffende Formulierung oder die verblüffend passende Form meint.

Für Erich Fromm ist Kreativität die Fähigkeit, zu sehen oder bewusst wahrzunehmen und zu antworten. Die kreative Einstellung hat Voraussetzungen. Dazu gehört die Fähigkeit des Staunens, die Kraft, sich zu konzentrieren, die Fähigkeit zur Selbsterfahrung, ein Identitätsgefühl. Und natürlich ein Selbst, in dem das Ich sich als Schöpfer seiner Taten erlebt. »Wer jedoch wirklich sein Ich, sein Selbst fühlt, der erfährt sich selbst als Zentrum seiner Welt, als den wahren Urheber seines Tuns. Das ist es, was ich unter Originalität verstehe. Es geht dabei primär nicht um Neuentdeckungen, sondern um ein Erleben, bei dem das Erlebnis in mir selbst seinen Ursprung hat.« (Erich Fromm, 1959, »Der kreative Mensch«).

KI kann »Kunst«. So sieht's wenigstens aus. So können die Ergebnisse wirken. Und so geht's: Sie zeichnen auf einem Bildschirm und die Software verwandelt Ihre Skizze in einen »van Gogh« – passenderweise heißt das Programm von CAMBRIDGE CONSULTANTS »Vincent« – »Cézanne« und »Picasso« kann es übrigens auch. Das Werkzeug unterstützt den Menschen bei seinem Schaffensprozess und ist dabei lediglich ein sehr elaborierter Pinsel. Das kann unterhaltsam sein oder lukrativ. Sie können eine Skizze cézannisieren und die Vorlage dann rechtefrei für Tapeten- oder Geschenkpapierdruck verwenden. Oder Sie nehmen ein Foto und erhalten eine Art van Gogh. KI kann generatives Design und erzeugt dabei erstaunlich organisch geformte Strukturen, die die korrekten statischen Eigenschaften haben und liefert dem Designer Vorlagen, die er weiterentwickeln kann, damit am Ende ein Produkt entsteht, das Kunden gefällt.

Überall kommen KI-Technologien zum Einsatz. Rechtschreibkorrektur nutzt Sprachverarbeitung, schreibt aber keine Texte, sondern hilft, sie orthografisch verdaulich zu machen – Typos stören die Lesefreude. GRAMMARLY geht einen Schritt weiter, analysiert den Text und macht syntaktische, aber auch stilistische Vorschläge. Bei anderen Werkzeugen, die KI bereitstellen kann, geht es um textanalytische Anwendungen. Komplexe Daten können mit Hilfe von Computern ausgewertet und visualisiert werden, dabei geht es um Tools für Informationsextraktion, Clustering, Summarization oder um die multilinguale Erschließung von Quellen. Das führt zu besseren Analysen. Und kann helfen, die wichtigen Daten zu finden, um so die richtigen Zusammenhänge zu verstehen.

Diktiersysteme könnten Gruppen sehr sinnvoll bei der Konzept- oder Ideenfindung unterstützen, wenn Gespräche maschinell vorverarbeitet werden könnten. Das würde redaktionell motivieren: Texter könnten viel dialogischer arbeiten, mehr – und auch längere – Gespräche führen, denn der Mensch interessiert sich primär für den Menschen. Das könnte das Brainstorming revolutionieren. Aber die Diktiersysteme müssten neben einer weiter verbesserten Wort-Erkennungsqualität auch die Stimmen der unterschiedlichen Sprecher identifizieren, sodass die Absatzstruktur der Gesprächsstruktur entspricht, und würden die Gruppe disziplinieren, denn durcheinandersprechen reduziert die Erkennungsqualität drastisch. Und Diktiersysteme müssten die Interpunktion, die die Sinnerfassung beim Lesen leitet, automatisch und korrekt einfügen können. So weit ist man noch nicht, aber da kommt man hin.

Keine Konkurrenz für Texter

KI kann nicht kreativ, aber KI kann helfen. Die erste Anwendung für algorithmischen Journalismus war Quakebot, ein Programm, das seit 2014 von der Los Angeles Times eingesetzt wird, um auf der Webseite in Echtzeit Erdbeben-Daten und -Warnungen als Text anzubieten. KI kann Tabellen in Textpassagen überführen, kann aus strukturierten Daten Sätze und Absätze machen. Kann Informationstexte generieren, aber selbstverständlich keine Erlebnistexte schreiben. Strukturierte Daten liegen vor in Domänen wie Sport, Wetter, Börse. Hier bieten Firmen wie RETRESCO, 2TXT oder AUTOMATED INSIGHTS seit geraumer Zeit template-basierte automatisierte Content-Produktion an. Sofern saubere Daten vorliegen, können lokale Wetterberichte, Börsennachrichten, Spielberichte im Sport, aber auch Produktbeschreibungen, automatisch und in Echtzeit erzeugt werden. Das ist keine Konkurrenz für Texter, sondern verhindert aktiv die Fließband-Textproduktion.

Beispiele: Ein Kleinaktionär ruft die Webseite eines Unternehmens auf und interessiert sich für den Aktienkurs. Wenn tabellarische Fundamentaldaten zur Kursentwicklung vorliegen, können automatisch kurze Texte erzeugt werden. Das kann für ein Unternehmen interessant sein und der Leser kann nach seiner Präferenz Tabelle oder Text als die ihm momentan zusagende Darstellungsform auswählen. Viele Produkte sind hochgradig konfigurierbar, sodass Tausende von Varianten bestellbar sind, deren Details tabellarisch, aber eben auch textuell präsentiert werden können. In diesem Fall wäre es ökonomisch sinnlos bis unmöglich, jede Variante vorab zu beschreiben, aber außerordentlich praktisch, dass sich die Beschreibungen auf der Basis der Konfigurationsdaten erzeugen lassen.

Was zeichnet nun den Texter aus? Die Fragen, die den Text leiten, der springende Punkt, der Gedankenblitz, die packende Formulierung, die brillante Ausdrucksweise, das prägnante Bild, das den Groschen fallen lässt. Wie man dazu kommt? Durch das Wissen um die Wirkmächtigkeit einzelner Worte, durch zugespitzte Ausdrücke. Das geht nicht durch Wortkombinatorik, durch Muster oder Wahrscheinlichkeiten, sondern durch Eloquenz, das Wissen ob der inneren Vorstellungswelten, die man sprachlich hervorrufen kann, durch den Erfahrungsschatz, den man hat und den man hebt. Das ist Empathie und man kann sie nutzen, wenn man sie empfindet und nicht halluziniert, nicht simuliert, nicht im Als-ob, sondern im tatsächlichen So-sein.

Natürlich habe ich SIRI gefragt – und das ist heutzutage nicht mehr wirklich originell –, »SIRI, kannst du kreativ?« SIRIS Reaktion war wenig beeindruckend: »Es tut mir leid. Ich fürchte, ich habe keine treffende Antwort auf diese Frage.« Das ist die Aufgabe des Menschen. Die treffende Antwort, die relevante. Das kann der Texter, nicht das Textprogramm, nicht der Chatbot, sondern der Autor.

Reinhard Karger ist einer der führenden Köpfe, wenn es um das Thema Künstliche Intelligenz geht. Er ist Unternehmenssprecher des DEUTSCHEN FORSCHUNGSZENTRUMS FÜR KÜNSTLICHE INTELLIGENZ (DFKI) in Saarbrücken und seit Juni 2019 Botschafter von »Deutschland – Land der Ideen«. Von Mai 2014 bis Juni 2017 war er Präsident der DEUTSCHEN GESELLSCHAFT FÜR INFORMATION UND WISSEN E.V. (DGI). Seit Februar 2017 ist er MINT-Botschafter des Saarlandes und im März 2018 wurde er zu einem der 100 Fellows des KOMPETENZZENTRUMS FÜR KULTUR- UND KREATIVWIRTSCHAFT des Bundes ernannt.

Wie aus gewöhnlichen Texten gelungene Texte werden.

»Einer muss sich quälen, der Schreiber oder der Leser.« Dieser Satz von Sprachkritiker Wolf Schneider gilt besonders für die Unternehmens- und Markenkommunikation. Nur muss sich hier leider meistens der Leser quälen. Egal ob Mailing, Anzeigen- oder Web-Texte – Unternehmen begehen immer wieder die gleichen Fehler. Sie schreiben das, was sie für wichtig halten und nicht das, was ihre Zielgruppe interessiert. Und das in ihrer eigenen featurelastigen Ausdrucksweise. Lesen Sie im Folgenden 14 Texte von Unternehmen unterschiedlichster Branchen. So, wie sie ursprünglich erschienen oder erscheinen sollten. Wie sie danach kritisch beleuchtet und anschließend überarbeitet wurden.

Text 1 Original E-Mail-Einladung eines Veranstalters für Führungskräfte-Seminare

Betreff: Einladung zum Seminar IT-Law Update

1 **Einladung zum Seminar IT-Law Update**

Sehr geehrte Frau Muster,

2 die Europäische Datenschutzgrundverordnung wird von vielen als fundamentales
3 NeuEpos des Informationsrechts dringend erwartet. In Kraft getreten ist sie nach ihrer Veröffentlichung im Amtswerk der Europäischen Union (4. Mai) am 25. Mai 2016, so dass sie nach einer zweijährigen Übergangszeit am 25. Mai 2018 für Unternehmen und Behörden verbindlich werden wird.

Was ist neu? Mit der Verordnung ist die datenschutzrechtliche Zulässigkeit der Verarbeitung personenbezogener Daten nunmehr auf sechs verschiedene Säulen gestellt.

\>\> weiterlesen

4 Unser Seminar IT-Law Update behandelt die aktuelle Rechtsprechung der EU-DatenschutzGVO.

Herzliche Grüße
Ihr XX Team

---

1 Das mag freundlich gemeint sein, weckt aber kein Interesse.

2 Von der pathetischen Formulierung des »fundamentalen NeuEpos« abgesehen: Was ist, wenn dieses vom Leser aber nicht erwartet wird? Dann steigt er nach dem ersten Satz bereits aus.

3 Sprache mit der Faszination einer Aktennotiz.

4 Und was nimmt der Teilnehmer daraus mit?

Überarbeitung

Betreff: IT-Abteilungen müssen neues europäisches Recht umsetzen.

Damit Ihre Daten Sie nicht zahlen lassen.

Sehr geehrte Frau Muster,

jetzt ist es amtlich: Unternehmen müssen den Datenschutz auf eine neue Stufe stellen. Die entsprechende EU-Verordnung tritt zwar erst Anfang 2018 in Kraft. Dennoch sollten Sie jetzt schon handeln. Denn Experten warnen: Viele unpräzise Formulierungen können zu Problemen bei der Umsetzung führen. Und: Verstoßen Unternehmen gegen die neuen Regeln, drohen hohe Bußgelder.
>> weiterlesen

Besitzen Sie den Überblick? Welche Daten wurden und werden in Ihrem Unternehmen erhoben? Wie werden diese verarbeitet und genutzt? Gibt es eine entsprechende Dokumentation?

Melden Sie sich am besten gleich an für unser Seminar **IT-Law Update.**
So schaffen Sie **Klarheit** und **Rechtssicherheit**.

Herzliche Grüße
Ihr XX Team

Text 2 Original Aufruf eines Energieversorgers

WICHTIGE MITTEILUNG

1 **Gas-Hausanschlussleitung der Liegenschaft**
Kirchdorfer Musterstraße 113

Sehr geehrter Herr Muster,

2 als örtlicher Gasnetzbetreiber sind wir für die Unterhaltung der Hausanschlussleitung, die von der Versorgungsleitung bis zur Einführung in Ihrem Wohngebäude reicht, verantwortlich.

3 Bei der routinemäßigen Überprüfung der Gas-Hausanschlussleitung zu dem o. g. Objekt wurde festgestellt, dass ein sicherheitsrelevanter Umstand vorliegt. Infolgedessen ist auch zu Ihrer eigenen Sicherheit dringender Handlungsbedarf geboten.

Leider konnten wir Sie vor Ort jedoch nicht antreffen.

Wir bitten Sie daher, sich umgehend mit uns unter der Rufnummer 040 / 2366 – 8243 in Verbindung zu setzen.

Sie erreichen uns von Montag bis Donnerstag in der Zeit von 08.00 bis 15.00 Uhr und am Freitag von 08.00 – 12.00 Uhr.
Ihr Ansprechpartner ist Herr Andreas Muster

Mit freundlichen Grüßen
i. A. Andreas Muster

---

1 Nicht jeder Empfänger dürfte wissen, was eine Liegenschaft ist. Vor allem aber: Die Adresse ist sicherlich nicht die wichtigste Mitteilung.

2 Das wird ebenfalls noch nicht die wichtige Botschaft sein. Vermutlich soll hier erklärt werden, was den Absender überhaupt die Gasleitung angeht. Hier wäre eine unbürokratische Sprache hilfreicher.

3 Ein »sicherheitsrelevanter Umstand« ist nicht nur ein schwammiger und verschleiernder Begriff. Er taucht im Wortschatz der meisten Menschen nicht auf. Wenn aber die Gefahr groß ist, muss die Sprache klar sein.

Überarbeitung

**Es geht um Ihre Sicherheit:
Rufen Sie uns umgehend an!**

Sehr geehrter Herr Muster,

Ihre Sicherheit hat immer Vorrang. Daher prüfen wir regelmäßig die Gasleitung, die zu Ihrem Haus führt. Dabei haben wir festgestellt:

Bei der Gas-Hausanschlussleitung zur **Kirchdorfer Musterstraße 113 muss dringend gehandelt werden.**

Sie waren vor Ort leider nicht zu erreichen.
Daher **rufen Sie uns** bitte **umgehend** an:

040 23 66-82 43

Sie erreichen uns von Montag bis Donnerstag von 8–15 Uhr
und am Freitag von 8–12 Uhr.
Ihr Ansprechpartner ist ...

Freundliche Grüße

Text 3 Original Antwortschreiben einer Versicherung

1 Haftpflichtschaden *Name Versicherung*
VS-Nr.: XX 1234567

Sehr geehrte Frau Muster,

2 für die Zuordnung und Bearbeitung des Schadenfalles bitten wie Sie, unser oben genanntes AKTENZEICHEN immer vollständig anzugeben. Vielen Dank!

Füllen Sie bitte das beiliegende Formblatt (Schadenmeldung Haftpflicht) aus und senden Sie es uns zurück.

3 Bitte beziffern Sie Ihre Forderungen und senden Sie uns die entsprechenden Belege.

Vielen Dank für Ihre Bemühungen.

Freundliche Grüße

---

1 Botschaften auf Vorgänge und Nummern zu reduzieren, nimmt der Kommunikation die Menschlichkeit.

2 Ein Wort des Bedauerns für den Schaden der Kundin wäre nett gewesen. Noch schlimmer wiegt aber: Nicht das Anliegen der Kundin steht im Vordergrund, sondern die Arbeit des Dienstleisters: Damit wir es einfach haben, machen Sie bitte ... In diesem Zusammenhang wirkt die Schreibweise in Versalien besonders unhöflich. Sie lassen einen das Wort entgegenschreien.

3 Versicherungsdeutsch baut Distanz auf.

Überarbeitung

Ihre nächsten Schritte zum Schadenersatz
Haftpflichtschaden VS-Nr.: HE 1234567

Sehr geehrte Frau Muster,

wir bedauern, dass Sie einen Schadenfall hatten und helfen gerne weiter.

Welchen Betrag möchten Sie erstattet bekommen? Bitte schicken Sie uns die entsprechenden Belege.
Schicken Sie uns bitte ebenfalls die beigefügte »Schadenmeldung Haftpflicht« ausgefüllt zurück.

Wichtig: Um Ihren Schadenfall zuordnen und rasch bearbeiten zu können, brauchen wir das Aktenzeichen. Sie finden es oben auf dem Schreiben. Geben Sie es bitte immer vollständig an.

Vielen Dank.

Freundliche Grüße

Text 4 Original Online-Informationstext eines Verkehrsunternehmens

eTicket

1 Inhaber des elektronischen Fahrscheins halten in *XXX*-Bussen ihr eTicket an das Lesegerät im Einstiegsbereich der zweiten Tür, um die Gültigkeit der Fahrkarte zu prüfen.

2 Daher empfiehlt sich für eTicket-Inhaber der Einstieg an der zweiten Tür. Kunden, die einen Fahrschein kaufen möchten oder mit Papiertickets unterwegs sind, steigen vorne ein. Rollstuhlfahrer und Fahrgäste mit Kinderwagen nutzen natürlich ebenfalls weiterhin die zweite Tür.

3 Wir werden die Einführung des eTickets und die neuen Einstiegsregeln mit einer Informationskampagne begleiten. Dazu gehören auch Servicekräfte, die im Januar 2018 dafür sorgen werden, dass der richtige Einstieg mit dem elektronischen Ticket schnell zur Gewohnheit wird. Im Vorfeld haben wir getestet, wo das Lesegerät angebracht werden muss, damit auch an stark frequentierten Haltestellen die Fahrgäste zügig einsteigen können. Dabei hat sich die Position an der zweiten Tür als vorteilhaft erwiesen. Da viele Zeitkarteninhaber ohnehin an der zweiten Tür einsteigen, kommt *XXX* mit den neuen Einstiegsregeln den Gewohnheiten ihrer Fahrgäste entgegen. Um Wartezeiten an den Haltestellen möglichst kurz zu halten, empfehlen wir zudem auch Kunden ohne eTicket, möglichst schon vor Fahrantritt ein Ticket zu kaufen. Tickets erhält man an Fahrscheinautomaten, im Kundencenter in *XXX* gegenüber vom Bushof, bei Vorverkaufsstellen und als HandyTicket.

1 Der Leser wird in der dritten Person angesprochen. Das schafft Distanz.

2 Das Amtsdeutsch weitet die Distanz aus.

3 Unsere Kräfte werden schon dafür sorgen: Das ist keine kooperative Sprache, sondern eine Weisungssprache.

4 Dazu passt der durchgängige Wir-Stil.

5 Die Distanzsprache kommt auch inhaltlich zum Ausdruck. Nicht die Kunden bestimmen, sondern man kommt ihnen entgegen.

Überarbeitung

Kein Warten, einfach einsteigen: eTicket

Als Besitzer eines eTickets heißt es für Sie: einsteigen statt einreihen. Denn Sie stellen sich nicht mehr vorne beim Fahrer an. Sie nutzen einfach die zweite Tür. Dort befindet sich ein Lesegerät. eTicket darunter halten und fertig.

Beim Fahrer steigen nur noch ein: Kunden, die ein Ticket kaufen müssen oder mit einem Papierticket unterwegs sind.

Damit Sie es noch einfacher haben: Im Januar 2018 begleiten Sie unsere Servicekräfte. Sie informieren und sorgen für einen reibungslosen Ablauf. So wird das Einsteigen mit dem eTicket schnell zur Gewohnheit.

Das Lesegerät ist so angebracht, dass Sie stets zügig einsteigen können. Auch an Haltestellen mit viel Betrieb. Das haben wir im Vorfeld getestet.

Bereits jetzt steigen ohnehin viele Zeitkarteninhaber durch die zweite Tür ein. Die neuen Regeln bestätigen so nur ihre Gewohnheiten. Daher ist das Lesegerät hier an richtiger Stelle. Rollstuhlfahrer und Fahrgäste mit Kinderwagen nutzen natürlich ebenfalls weiterhin diesen Einstieg.

Unser Ratschlag für alle Kunden ohne eTicket: Bitte kaufen Sie Ihr Ticket schon vor Fahrantritt. So halten Sie die Wartezeiten an den Haltestellen kurz. Tickets erhalten Sie an Fahrscheinautomaten und Vorverkaufsstellen. Darüber hinaus im Kundencenter in *XXX* dem Bushof gegenüber. Online gibt es außerdem das praktische HandyTicket.

Text 5 Original Schreiben eines Stromnetzbetreibers an einen Kunden, der Strom einspeisen möchte

---

1 Sanktionierung Ihres Vergütungsanspruches aufgrund fehlender Unterlagen

Sehr geehrte(r) <Anrede> <Name>,

2 gemäß dem Erneuerbare-Energien-Gesetz (EEG) sind wir als Netzbetreiber verpflichtet, den in Ihrer Anlage erzeugten Strom aus Erneuerbaren Energien zu vergüten. Bitte beachten Sie, dass die Vergütungspflicht an bestimmte Voraus-
3 setzungen gebunden ist und diese nur erfolgt, wenn wir alle dafür notwendigen Informationen von Ihnen vorliegen haben.

Leider liegen uns die im Nachgang aufgeführten Nachweise nicht vor.
4 Um die Vergütung auszahlen zu können, benötigen wir von Ihnen:

5 1. die Bestätigung über den Einbau und die Funktion der Steuer- und Regeleinheit (Funkrundsteuerempfänger) gemäß § 9 Abs. 2 EEG (Bestätigung zum Einbau Funkrundsteuerempfänger). Fehlt der Nachweis über den Einbau oder die Funktionalität des Funkrundsteuerempfängers, erfolgt bis zur Vorlage dieses Nachweises keine Vergütungszahlung. Bei verspätetem Einbau des Funkrundsteuerempfängers, dürfen wir Ihnen für den Zeitraum ab Inbetriebnahme bis zum Eingang des Nachweises über den Einbau und die Funktionalität des Steuergeräts keine EEG-Vergütung ausbezahlen.

2. die Bestätigung, dass Sie Ihre Anlage mit der Übermittlung des Anlagenstandorts sowie der installierten Leistung bei der Bundesnetzagentur (BNetzA) im PV-Anmeldeportal registriert haben (gemäß EEG, § 6 Abs. 2 und Anlagenregisterverordnung). Bitte beachten Sie, dass Sie gesetzlich verpflichtet sind, spätestens drei Wochen nach Inbetriebnahme Ihre Anlage zu registrieren.

---

1 Dieses erste Wort in dem Kundenschreiben ist nicht nur ein negatives, sondern drückt auch eine Strafandrohung aus. Alle Achtung!
Der Rest der Überschrift ist Beamtenjargon.

2 Die Unfreundlichkeit hat Methode. So weist der Absender darauf hin, dass er das Geld nur ausbezahlt, weil er dazu verpflichtet ist – und nicht etwa, weil ihm an dem Geschäft etwas läge.

3 Entsprechend unpersönlich ist auch der Umgangston.

4 Der Ton macht die Musik: »benötigen wir von Ihnen« klingt viel distanzierter als »schicken Sie uns bitte«.

Nur dann haben Sie einen Vergütungsanspruch. Ist dies nicht erfolgt, können wir Ihnen gemäß § 25 Abs. 1 EEG 2014 keine Vergütung auszahlen.

3. Gemäß den Pflichtangaben im Sinne des § 14 Abs. 4 Umsatzsteuergesetzes (UStG) benötigen wir im Zusammenhang mit der Gutschriftserstellung der Einspeisevergütung Ihre Steuernummer oder Umsatzsteuer-Identifikationsnummer (Mitteilung durch Bundeszentralamt für Steuern).

Ohne diese Erklärung dürfen wir aufgrund der steuerrechtlichen Vorschriften keine Zahlungen vornehmen. Fragen zur Umsatzbesteuerung kann Ihnen Ihr steuerlicher Berater beantworten.

Wir bitten Sie daher erneut, uns unter der Angabe der Vertragskontonummer die fehlenden Unterlagen zeitnah an folgende Adresse zusenden:

XXX AG
Postfach xx xx
00000 xxxxxxxx
E-Mail Adresse: kundenservice@xxxxxxxxxx.de

Haben Sie noch Fragen, dann erreichen Sie uns montags bis freitags von 8 bis 18 Uhr unter der Nummer 0000 – 000 00 000.

Freundliche Grüße

5 Ab hier schlägt die Behördensprache vollends durch. Lange Sätze, schwieriger Satzbau, Nominalstil, Paragrafen über Paragrafen. Und vier Mal das Wortungetüm »Funkrundsteuerempfänger«.

Überarbeitung

Damit Sie Ihr Geld erhalten.
Wichtig für Sie: Schicken Sie uns noch die fehlenden Unterlagen.

Sehr geehrte(r) *<Anrede> <Name>*,

Sie erzeugen Strom aus erneuerbaren Energien. Und diesen bekommen Sie von uns als Netzbetreiber selbstverständlich vergütet.

Damit Sie möglichst schnell an Ihr Geld kommen, schicken Sie bitte noch folgende Informationen:

1. die Bestätigung über den Einbau und die Funktion der Steuer- und Regeleinheit (Funkrundsteuerempfänger)

Bitte beachten Sie: Wurde der Funkrundsteuerempfänger verspätet eingebaut? So dürfen wir Ihnen für diesen Zeitraum nichts vergüten: von der Inbetriebnahme bis zum Eingang des Nachweises.

2. die Bestätigung, dass Sie Ihre Anlage bei der Bundesnetzagentur (BNetzA) im PV-Anmeldeportal registriert haben. Sie können das Dokument nach der Registrierung herunterladen. Darin sind der Anlagenstandort und die installierte Leistung aufgeführt.

Bitte beachten Sie: Lassen Sie innerhalb von drei Wochen nach Inbetriebnahme Ihre Anlage registrieren. Das ist wichtig für Ihren Vergütungsanspruch.

3. Ihre Steuernummer oder Umsatzsteuer-Identifikationsnummer
Zu Fragen zur Umsatzsteuer wenden Sie sich bitte an einen Steuerberater.

Bitte schicken Sie uns die Unterlagen so schnell wie möglich.
Geben Sie dabei auch Ihre Vertragskontonummer an.

XXX AG
Postfach xx xx
00000 xxxxxxx
E-Mail-Adresse: kundenservice@xxxxxxxxxx.de

Haben Sie noch Fragen? Dann rufen Sie uns an: 0000 – 000 00 000
Sie erreichen uns montags bis freitags von 8 bis 18 Uhr.

Freundliche Grüße

Text 6 Original Online-Veranstaltungshinweis des Hannover Airports

Ausstellung Welt der Luftfahrt
Der Traum vom Fliegen zum Greifen nah!

Kaum etwas fasziniert die Menschen so sehr wie das Fliegen und die Luftfahrt. 1 Obwohl am Hannover Airport beides zum Alltagsgeschäft gehört, ist die Faszination hier jeden Tag spürbar, wenn die großen Jets sich in die Lüfte erheben. 2 Wer das Geheimnis des Fliegens nicht nur auf dem Vorfeld bestaunen, sondern 3 tiefer ergründen möchte, ist hier genau richtig: Die Ausstellung »Welt der Luftfahrt« macht spannend und anschaulich nachvollziehbar, wie aus dem großen Menschheitstraum vom Fliegen Wirklichkeit wurde.

4 Die interaktive Erlebnisausstellung verrät, warum Flugzeuge fliegen, und ist zugleich eine lehrreiche Zeitreise durch die Geschichte der Luftfahrt von den ersten Visionen bis zum heutigen Alltagsgeschäft der Fliegerei.

5 Nicht nur Technik-Fans können an faszinierenden Mitmachexponaten das physikalische Geheimnis des Fliegens erforschen. Zwischen echten Flugzeugteilen, Infotafeln und multimediale Installationen werden kleine und große Besucher schnell zu Luftfahrtexperten.

Der Eintritt auf die 360°-Aussichtsterrasse mit Bällebad, Jatho-Drachen und originalen Flugzeugteilen ist für Ausstellungsbesucher inbegriffen.

---

1 Alltagsgeschäft ist ein Wort, das die Stimmung sinken lässt.

2 Inhaltlich alles in Ordnung. Der Satz plätschert jedoch so vor sich hin.

3 Es fehlt dem Text an Prägnanz. Etwas nachvollziehbar zu machen, verspricht keine Faszination.

4 Je mehr Informationen in einem Satz aufeinandertreffen, desto unwichtiger werden sie.

5 Der Text ist eloquent verfasst. Doch genau das raubt ihm die Dynamik.
Der HANNOVER AIRPORT ist schnell, präzise, schnörkellos – auch in seiner Sprache. Schnell auf den Punkt kommen, heißt die Devise. Ausschmückungen kosten Zeit.

Überarbeitung

Startklar zum Staunen?

Hannover Airport: willkommen an einem faszinierenden Ort. Was die Menschen hier so begeistert? Sie erfüllen sich täglich einen Traum: den vom Fliegen.
Was für ein Gefühl, wenn Flugzeuge in die Luft steigen. Kosten Sie es aus.
In allen seinen Facetten.

Begeben Sie sich auf eine Zeit- und Erlebnisreise.
In der Ausstellung »Welt der Luftfahrt«.

Warum fliegen Flugzeuge? Wie wurden aus Visionen Wirklichkeit? Erfahren Sie die Geheimnisse der Luftfahrt. Flugzeugteile zum Anfassen, Multimedia-Stationen zum Mitmachen, Info-Tafeln zum Staunen. Hier werden Fans ruckzuck zu Experten. Das gilt nicht nur für die großen Besucher.

Inklusive: Eintritt auf die 360°-Aussichtsterrasse mit Bällebad,
Jatho-Drachen und Originalteilen.

Text 7 Original Positiver Bescheid einer privaten Krankenversicherung

Versicherungsnummer xxxxx

1 **Anfrage Akupunktur**

Sehr geehrter Kunde,

2 vielen Dank für ihre Anfrage zur Kostenübernahme. Bitte gestatten Sie uns dazu einen Hinweis.

3 Nach den Allgemeinen Versicherungsbedingungen besteht Versicherungsschutz für die medizinisch notwendige Heilbehandlung einer versicherten Person wegen Krankheit oder Unfallfolgen.

4 Die Akupunktur kann im Rahmen einer Schmerzbehandlung in kleinen Behandlungsserien medizinisch notwendig sein. Eine Dauerbehandlung ist nicht zu befürworten und nicht medizinisch notwendig.

5 Anhand der vorliegenden Befundunterlagen konnten wir uns von der medizinischen Notwendigkeit der Akupunktur im Rahmen eines individuellen Heilversuches überzeugen.

Wir werden daher die Kosten für die Akupunkturbehandlung für 15 Sitzungen analog der Ziffer 269 der Gebührenordnung für Ärzte zum maximal 2,3-fachen

6 Satz im tariflichen Umfang übernehmen.

Wir wünschen Ihnen einen erfolgreichen Behandlungsverlauf.

Mit freundlichen Grüßen

---

1 Anfrage ist ein überflüssiger Betreff. Dass er anfragt, weiß der Leser auch. Er will nun die Antwort wissen.

2 So beginnen Erläuterungen, die entweder lange dauern oder umständlich sind oder eine negative Botschaft zur Folge haben – oder alles zusammen.

3 Auch wenn es hier kompliziert ausgedrückt ist: Den Inhalt der Aussage kann sich der Leser denken, wird ihn vermutlich sogar wissen. Warum steht das hier?

4 Der Aufklärungsunterricht geht weiter.

Überarbeitung

Gute Nachricht: Sie erhalten die Kosten Ihrer Akupunkturbehandlung erstattet.

Sehr geehrter Herr …,

vielen Dank für Ihre Anfrage zur Kostenübernahme. Als Ihrem Gesundheitsspezialist liegt es uns am Herzen, dass Sie bestmöglich medizinisch versorgt werden. Dies schließt eine Reihe an Heilverfahren mit ein.

Daher sind wir gerne bereit, die Kosten der Akupunkturbehandlung für 15 Sitzungen zu übernehmen.[1]

Die Akupunktur kann im Rahmen einer Schmerzbehandlung in kleinen Behandlungsserien medizinisch notwendig sein. Dies ergaben auch die uns vorliegenden Befundunterlagen. Eine Dauerbehandlung ist jedoch nicht notwendig und daher auch nicht zu befürworten.

Wir wünschen Ihnen eine erfolgreiche Behandlung.

Freundliche Grüße

[1] analog der Ziffer 269 der Gebührenordnung für Ärzte zum maximal 2,3-fachen Satz im tariflichen Umfang

5 __ Auch dieser Abschnitt ließe sich einfacher ausdrücken. Vor allem aber: Er kommt viel zu spät. Hier handelt es sich um eine gute Nachricht für den Empfänger. Sie muss an den Anfang gestellt werden.

6 __ Das für den Empfänger wichtigste Wort steht ganz am Schluss. Bemerkenswert.

Text 8 Original Schreiben einer Versicherung nach Widerspruch des Kunden

Sehr geehrter Herr Muster,

1 Sie wenden sich gegen die ablehnende Entscheidung unserer Schadenabteilung und bitten unser Haus um nochmalige Prüfung des Sachverhalts, insbesondere auch unter Berücksichtigung der Kundenbeziehung.

Bitte bedenken Sie, dass es uns als Versicherer gesetzlich verwehrt ist, einzelnen Kunden Sondervergütungen zu gewähren oder sie ohne sachlichen Grund besser zu stellen als die Gemeinschaft der Versicherten. Es muss daher stets gewährleistet sein, dass nicht einzelne Kunden oder Kundengruppen zu Lasten der übrigen Versicherten eines Versicherungsunternehmens bevorzugt werden.

2 Wir bitten Sie deshalb um Verständnis dafür, dass wir in diesem speziellen Fall auch unter Berücksichtigung Ihres besonderen Vertrauens in unser Unternehmen keine Versicherungsleistungen erbringen.

Freundliche Grüße

---

1 Ein Wust an Behördenjargon. Selbst wichtige Informationen gehen so unter. Dass der Versicherung rechtlich die Hände gebunden sind, ist beispielsweise ein wichtiger Aspekt.

2 Wird der Kunde Verständnis aufbringen, wenn er so angeschrieben wird? Vermutlich wird der kühle und unverständliche Schreibstil sein Unverständnis fördern.

Warum wurde hier nicht versucht, ihm die Situation auf eine menschliche Art zu erklären, statt ihn abzubügeln? Denn schließlich kann selbst in einem negativen Bescheid noch ein positiver Aspekt stecken.

Überarbeitung

Nur wenn wir alle gleichbehandeln, werden wir auch allen Interessen gerecht.

Sehr geehrter Herr Muster,

vielen Dank für Ihr Schreiben vom …

Sie baten uns um einen Schadensausgleich aus Kulanz. Das müssen wir leider ablehnen. Gerne erläutern wir Ihnen unsere Gründe.

Um eines vorweg zu nehmen: Sie sind uns sehr wichtig. Und Sie können sich sicher sein, dass wir Ihre Anliegen stets sehr ernst nehmen und genau prüfen. Doch in diesem Fall **dürfen wir nicht anders entscheiden.** Das Gesetz verbietet uns, Sondervergütungen zu gewähren oder Kunden ohne sachlichen Grund besser zu stellen.

Und weil wir Sie gegenüber den anderen Versicherten nicht bevorzugen dürfen, können wir auch keine Leistung / Schadenregulierung erbringen.

Bedenken Sie bitte: Sie erkennen eine faire Versicherung genau daran, dass sie alle Kunden gleichbehandelt. Denn nur wenn wir so handeln, handeln wir zuverlässig im Sinne aller Versicherten. Das kommt in anderen Fällen auch Ihnen zugute.

Wir schätzen Ihr Vertrauen in unser Unternehmen und bedanken uns dafür. Doch bitte haben Sie Verständnis, dass wir in diesem Fall Ihren Wünschen leider nicht entsprechen können.

Freundliche Grüße

Text 9 Original Informationsschreiben einer gesetzlichen Krankenversicherung

---

Finanzamtbescheinigung für das Jahr 2019
1 **Versichertennummer: U123456789**

Sehr geehrter Herr *Muster*,

2 Sie erhalten die Finanzamtbescheinigung 2017 mit den in 2019 gezahlten und erstatteten Beiträgen zur Kranken-, Pflege- und Rentenversicherung. Zuschüsse zu Kranken- und Pflegeversicherungsbeiträgen sowie Erstattungen aus Wahltarifen und Bonusprogrammen sind ggf. enthalten. Hinweis: Überweist Ihr Arbeitgeber die Sozialversicherungsbeiträge, erfolgt die Übermittlung gezahlter Beiträge nicht auf diesem Weg, sondern mit der Lohnsteuerbescheinigung Ihres Arbeitgebers.

3 Bitte legen Sie dieses Schreiben zu den Steuerunterlagen für das Jahr 2019 und informieren Sie ggf. Ihren Steuerberater über den Eingang dieser Finanzamtbescheinigung. Das Finanzamt erhält diese Meldung auf maschinellem Wege.

Fragen zu den Auswirkungen des Steuerrechts auf Ihre persönliche Situation kann Ihnen Ihr Steuerberater oder das Finanzamt beantworten. Steuerrechtliche Informationen finden Sie außerdem im Internet unter www.bzst.bund.de.

Für Auskünfte rund um Ihre *Muster*-Versicherung können Sie gern unsere Mitarbeiter am Servicetelefon anrufen.

Freundliche Grüße

---

1 Wer das liest, weiß schon was ihn erwartet.

2 Die meisten lesen hier heraus: Bahnhof.

3 Selbst einfache Inhalte lassen sich kompliziert verpacken. Wo liest man schon Formulierungen wie »erhält … auf maschinellem Wege«.

Überarbeitung

**Wichtig für Ihre Steuererklärung:
Finanzamt-Bescheinigung für das Jahr 2019**

Sehr geehrter Herr *Muster*,

wie Sie sicherlich wissen, können Sie Ihre *XXX*-Beiträge von der Steuer absetzen.

Von diesen Beiträgen sind allerdings Rückerstattungen oder Prämien abzuziehen. Das sind also die Beträge, die Ihnen aus unseren Wahltarifen oder Bonusprogrammen gutgeschrieben wurden.

Sie erhalten mit diesem Schreiben Ihre Finanzamt-Bescheinigung für das Jahr 2019. Darin sind sämtliche Erstattungen aufgelistet. Bitte legen Sie dieses Schreiben zu Ihren Steuerunterlagen.

Was Sie auch wissen sollten: Das Gesetz verlangt es, diese Erstattungen dem Finanzamt zu melden. Daher schickten wir diese Bescheinigung elektronisch auch bereits an das Finanzamt. So müssen Sie sich um nichts weiter kümmern.

Möchten Sie genauere Auskünfte, wie sich das Steuerrecht auf Ihre persönliche Situation auswirkt? Dann wenden Sie sich bitte an Ihren Steuerberater oder an das Finanzamt. Informationen finden Sie auch unter: www.bzst.bund.de

Haben Sie weitere Fragen zur *XXX*? Dann rufen Sie uns an: *Servicenummer* Unsere Mitarbeiter helfen Ihnen wie immer gerne weiter.

Freundliche Grüße

Text 10 Original Produktinformation eines Software-Produzenten

1 **Unterlagenversand Endpoint Security**

2 Immer mehr Sicherheitsrisiken und Datenschutzverstöße erfordern einen umfassenden Schutz, der automatisiert und in Echtzeit höchstmöglichen Schutz Ihrer digitalen Arbeitsumgebung gewährleistet, auch wenn Ihr System von einem Malware-Angriff befallen sein sollte.

3 Mit *XXX* Endpoint Security standardisiert und automatisiert Ihre IT die Prozesse von der Entdeckung bis zur Eindämmung eines Cyberangriffes und bietet eine 360°-Security-Management für PCs, Laptops, Smartphones, Tablets und IoT-Geräte sowie eine ganze Reihe weiterer Vorteile:

4
- Anti-Virus ist im selben Agent für Windows, Linux und Mac inkludiert
- Schutz vor Zero-Day- oder First-Day-Attacken ohne das Angriffsmuster kennen zu müssen
- Blockierung negativer Auswirkungen von Malware in Echtzeit, ohne dass die tägliche Arbeit Ihrer Mitarbeiter dabei eingeschränkt wird
- EDR ist voll-automatisiert inkl. Aggregation der Alerts. In Kombination mit *XXX* Service Management hat man sogar eine vollständige SIEM Lösung
- Vollständige Automation des zeitaufwendigen Prozesses von der Überwachung bis zum Blockieren durch automatisiertes EDR a
- Ihrer IT durch Workflow-gestützte Beseitigung und Re-Installation von Endpoints Zeit einsparen

5 Diese und weitere Vorteile für Ihre IT-Organisation möchten wir Ihnen gerne in einem persönlichen Strategie-Gespräch vorstellen.

---

1 Deskriptive Überschriften sind oft ein Problem, weil sie kein Interesse wecken. Das Wort »Unterlagenversand« ist geradezu eine Einladung zum Abschalten.

2 Das ist alles richtig, aber leider emotionslos geschrieben. Der Text bleibt auf einer abstrakten Ebene und schafft keinen Bezug zum Leser.

3 Die langen Sätze und inhaltlichen Wiederholungen rauben dem Text die nötige Dynamik.

4 »IT- und Abkürzungskauderwelsch« trifft auf komplizierten Satzbau. Die grammatische Struktur der Bulletpoints folgt keinem Muster/wirkt zufällig – ein ziemliches Durcheinander.

5 Hier müsste eine Handlungsaufforderung folgen.

Überarbeitung

Es gibt weder ein halbschwanger noch ein halbinfiziert.
Kompletten Schutz gibt's nur mit *XXX* Endpoint Security.

Was sind die größten Gefahren für Ihre IT-Organisation? Viren? Cyber-Attacken? Oder doch die Beamten aus Brüssel? So ist die EU-Datenschutz-Grundverordnung (EU-DSGVO) nicht nur ein sprachliches Monstrum. Und bei Verstößen kennen die Bürokraten kein Pardon.

Eines ist sicher: Sicherheitsrisiken und Datenschutzverstöße stellen Sie vor große Herausforderungen. Und sich nur ein bisschen dagegen zu schützen, reicht nicht aus. Ihre digitale Arbeitsumgebung benötigt einen umfassenden automatisierten Schutz in Echtzeit. Auch wenn Ihr System von einem Malware-Angriff befallen sein sollte.

Mit *XXX* Endpoint Security standardisiert und automatisiert Ihre IT die Prozesse. Von der Entdeckung bis zur Eindämmung eines Cyber-Angriffes. Sie bietet so ein 360°-Security-Management für PCs, Laptops, Smartphones, Tablets und IoT-Geräte.

Weitere Vorteile sind:
- Anti-Virus ist im Agent für Windows, Linux und Mac gleich mit drin.
- Schutz vor Zero-Day- oder First-Day-Attacken – ohne das Angriffsmuster kennen zu müssen.
- Die Auswirkungen von Malware werden in Echtzeit blockiert – ohne dass es die Arbeit stört.
- EDR ist voll-automatisiert. Aggregation der Alerts ist dabei.
  In Kombination mit *XXX* Service Management besitzen Sie sogar eine vollständige SIEM Lösung.
- Der zeitaufwendige Prozess läuft voll automatisch – von der Überwachung bis zum Blockieren durch automatisiertes EDR a.
- Ihre IT spart Zeit durch Workflow-gestützte Beseitigung und Re-Installation von Endpoints.

Bieten Sie Ihrer IT-Organisation diesen Rundum-Schutz. Wir beraten Sie gerne in einem persönlichen Gespräch.

Text 11 Original B2B-Schreiben einer Krankenversicherung

1 **Die Krankenkasse als Informationsgeber – elektronische Behandlungsinformation von XXX startet jetzt!**

Sehr geehrte Damen und Herren der Geschäftsführung,

2 in den letzten Jahren rückt das Thema Qualität im Krankenhaus immer stärker in den Vordergrund. Zertifizierungen wie KTQ, ISO 9001 und ähnliche sind Aushängeschild und Anspruch, dem sich kein Haus entziehen kann. Qualität im Versorgungsprozess heißt aber auch Kommunikation und Information zwischen ambulanten und stationären Behandlern. Hier steckt das deutsche Gesundheitswesen immer noch in den Kinderschuhen.

3 XXX bietet Ihnen die Nutzung einer absoluten Innovation an:

Die elektronische Behandler-Information (eBI), die für alle unsere Versicherten bei Aufnahme in Partnerschaftskrankenhäusern von XXX zur Verfügung steht.

4 eBI informiert den Krankenhausarzt über die verordneten Arzneimittel des bei XXX Versicherten, die ambulant behandelnden Ärzte, bisherige stationäre Krankenhausaufenthalte und alle bisher dokumentierten Diagnosen des Patienten. Den bisher üblichen Anamneseprozess sieht XXX nicht mehr als ausreichende Voraussetzung für eine sichere Behandlung im Krankenhaus an.

5 XXX wird mit ausgesuchten Krankenhäusern in Deutschland eine Qualitätspartnerschaft eingehen.

---

1 Dass die »elektronische Behandlungsinformation« startet, mag für den Absender wichtig sein. Doch was hat der Empfänger davon?

2 Die Sätze sind zu kompliziert. Die Kernbotschaft wird hier nicht deutlich ausgedrückt.

3 Gibt es relative Innovationen? Achtung, Werbung!

4 Auch hier werden die Informationen nicht prägnant genug herausgestellt.

5 Schön für den Absender. Was geht's den Empfänger an?

6   Mit heutiger Post haben wir die relevanten Häuser Ihrer Region informiert. Ein Rechtsanspruch auf den Abschluss eines Partnerschaftsvertrages mit *XXX* besteht nicht.

7   Werden Sie unser Qualitätspartner! Wir informieren unsere Versicherten und ihre niedergelassenen Ärzte im Einzugsgebiet eines teilnehmenden Krankenhauses durch Anschreiben und regionale Informationsveranstaltungen sowie über die Internet-Präsenz von *XXX*.

8   Beigefügt haben wir für Sie die Broschüre zur Information von Krankenhaus-Geschäftsführungen über eBI. Bei Interesse wenden Sie sich bitte an die Projektleiterin, Frau *Martina Muster* (0123 456789; *martina.muster@XXX.de*). Die Verträge werden nach Eingang der Rückmeldung verhandelt, ein Rechtsanspruch auf den Abschluss eines Partnerschaftsvertrages mit *XXX* besteht nicht.

9   Die uneingeschränkt positive Resonanz bei der Vorstellung von eBI auf dem Hauptstadtkongress sowie dem von BMG und AkdÄ veranstalteten Kongress für Patientensicherheit bei medikamentöser Therapie, insbesondere durch den unparteiischen Vorsitzenden des Gemeinsamen Bundesausschusses, Herrn *Vorname Name*, sowie dem Geschäftsführer der deutschen Krankenhausgesellschaft und dem Patientenvertreter der Bundesregierung, Herrn Dr. *Name*, bestärken uns darin, die Qualitätspartnerschaft mit ausgesuchten Krankenhäusern als zukunftsweisenden Weg zu beschreiten.

Wir freuen uns auf Ihre Rückmeldung.

Mit freundlichen Grüßen

---

6   Jetzt meldet sich auch noch der Jurist. Animierend ist das nicht.

7   Warum spricht der Absender im Befehlston? Das schreckt eher ab.

8   ... und nach der unerwarteten Handlungsaufforderung plätschert der Fließtext wieder weiter vor sich hin.

9   Dieser Textblock besteht tatsächlich nur aus einem Satz.

Überarbeitung

Ein neues Aushängeschild für Qualität in Ihrer Klinik:
die elektronische Behandlungsinformation

- Neuer Service für Ihre Patienten
- Verbesserter Anamneseprozess
- Qualitätspartnerschaft zwischen Klinik und Kasse

Sehr geehrte Damen und Herren der Geschäftsführung,

das Thema Qualität im Krankenhaus rückt immer stärker in den Fokus des öffentlichen Interesses. Längst gehören unterschiedliche Zertifizierungen wie KTQ oder ISO 9001 zur Grundausstattung von Kliniken. Doch reicht dies aus?

Qualität umfasst mehr als Hygiene, Service und medizinische Leistungen. Qualität spiegelt sich auch in der Kommunikation und Information zwischen ambulantem und stationärem Fachpersonal wider. Sie gewährleistet eine bessere Versorgung. In Deutschland haben wir das Potenzial, hierin noch besser zu werden.

XXX geht neue Wege – und bietet einen besonderen Dienst an:
die elektronische Behandlungsinformation (eBI).

eBI informiert den Krankenhausarzt über:
- die verordneten Arzneimittel unserer Versicherten
- die ambulant behandelnden Ärzte
- bisherige stationäre Krankenhausaufenthalte
- alle bisher dokumentierten Diagnosen des Patienten
- Doppeluntersuchungen, Wechselwirkungen und Warnhinweise

Zudem bietet eBI einen integrierten und kostenfreien Check zur Arzneimittel-Therapie-Sicherheit. eBI geht somit über den bisher üblichen Anamneseprozess deutlich hinaus. Sie steht für alle unsere Versicherten bei Aufnahme in unseren Partnerschaftskrankenhäusern zur Verfügung.

Möchte auch Ihr Krankenhaus, als eines der wichtigsten Häuser der Region, diesen zukunftsweisenden Weg beschreiten – und unser Qualitätspartner werden? Dann freuen wir uns auf Ihren Anruf unter 0123 456789. Oder auf eine E-Mail: *vorname.name@XXX.de*

Übrigens: eBI war bereits frühzeitig Thema auf dem Hauptstadtkongress sowie auf dem Kongress für Patientensicherheit bei medikamentöser Therapie. Die Resonanz war durchweg positiv. Zu den Fürsprechern dieses Angebots zählen beispielsweise:

- *Name Vorname*, unparteiischer Vorsitzender des Gemeinsamen Bundesausschusses
- Dr. *Name Vorname*, Patientenvertreter der Bundesregierung

Schließen Sie sich den Verfechtern von mehr Qualität im Krankenhaus an.

Freundliche Grüße

PS: Ausführliche Informationen finden Sie zusätzlich im Anhang.

Text 12 Original Online-Produkttext eines Homeshopping-Unternehmens

1 **Face Cream Extra Rich**
Gesichtscreme Extra Rich

2 - aktiviert hauteigenes Collagen
- langanhaltender Schutz
- 100 ml, extra reichhaltige Formel

Face Cream Extra Rich: Reichhaltige Gesichtscreme von XXX

3 Die spezielle Pflegeformel vereint die Zufuhr von Collagen, die Aktivierung und den Schutz des hauteigenen Collagens. Collagen regeneriert Ihre Haut von innen und verleiht spürbar mehr Spannkraft und Elastizität.

4 Dadurch wird Ihre Haut nachhaltig mit Feuchtigkeit versorgt, Falten und Linien werden sichtbar aufgepolstert und die Haut langanhaltend geschützt.

Die XX Collagen 360° Face Cream Extra Rich folgt der XXX Collagen 360° Pflegeformel und wirkt so ganzheitlich und in unterschiedlichen Hautschichten:

5 - Anreicherung mit mehrstufigen Collagenmolekülen
- Multiplikation der Jugend- und Ankercollagene
- Verbesserung der Qualität der Jugend- und Ankercollagene
- Reduktion des enzymatischen Collagenabbaus für anhaltende Jugendlichkeit
- Sie erhalten Ihre XXX Face Cream Extra Rich hier in einer Sondergröße mit 100 ml Inhalt.

Speziell eingesetzte Wirkstoffe verhelfen zusätzlich zu den nachfolgenden Effekten:

6 - die Haut wird vor Kälte und anderen negativen Wettereinflüssen geschützt
- ein dauerhafter Schutzfilm schützt die Haut zusätzlich vor schädlichen, wetterbedingten Einflüssen
- schützt die Haut vor dem Austrocknen
- schützt die Hautbarriere und fördert die Hautelastizität

---

1 Doppelt erwähnt hält besser, aber etwas mehr Emotion in der Headline dürfte schon sein, vor allem bei einem so emotionalen Thema wie Schönheit.

2 Ob das verstanden wird? Der Fachjargon soll dem Text einen wissenschaftlichen Anstrich verleihen. Was nicht verstanden wird, führt aber oft zu Desinteresse oder Verärgerung.

3 Der erste Satz ist typisch für den gesamten Text: zu lange Sätze, Nominalstil, Fachausdrücke und aufblähende Attribute.

4 Mehrere Gedanken in einem Satz machen den Text noch schwerer verständlich.

5 »Sichtbar aufgepolstert« wird auch dieser Text. Er präsentiert stets dieselben Information auf unterschiedliche Weise.

6 Redundanzen, wohin man blickt: »vor Kälte und anderen negativen Wettereinflüssen geschützt«, »schützt die Haut vor wetterbedingten Einflüssen«, »schützt die Haut vor dem Austrocknen«, »schützt die Hautbarriere«.

__Fachausdrücke unterstreichen nur die eigene Expertise, wenn sie der Leser auch versteht. Daher sollten sie stets erklärt werden.

__Ist das noch Fach-chinesisch oder schon Werbe-Blabla? Die Pseudo-Wissenschaftlichkeit erschwert das Verständnis und soll Expertenwissen suggerieren. Ob das gelingt?

__Ist das wichtig oder kann das weg? Mit einer solchen Sprache bewegt sich der Anbieter auf einem schmalen Grat zwischen angeblichem Expertentum und bewusster Irreführung des Lesers.

__Ungebräuchliche Fremdwörter verleiten zu Missverständnissen und das »Okklusive« kann schon mal als okkultisch fehlgelesen werden.

__Die Fachsprache verfolgt zu offensichtlich das Ziel, den Inhalt zu verschleiern. Das ist eine Beleidigung für den Laien.

Das Ergebnis: Ein wunderbar weiches und zartes Hautgefühl!

7 **Procollagen**
- hochmolekulares Collagen
- bildet einen der Haut angepassten, sehr flexiblen Film
- erhöht effektiv und spürbar den Feuchtigkeitsgehalt der Haut
- die Spannkraft der Haut wird erhöht
- Falten und Linien werden sichtbar reduziert

8 **Hydrolyzed Collagen**
- stimuliert wichtige Zellprozesse
- unterstützt die dreidimensionale Struktur der Dermis
- das Gewebevolumen wird erhöht
- der Zusammenhalt und die Flexibilität der Haut werden spürbar gestärkt

9 **ProBarrier**
- eine Suspension wachsartiger Artikel
- ist geeignet zum Schutz der Haut vor Kälte und anderen negativen Umwelteinflüssen
10 - bildet einen dauerhaften aber nicht okklusiven Schutzfilm und bietet der Haut somit Schutz gegen schädliche, wetterbedingte Einflüsse
- hält die Wärmebilanz der Haut aufrecht
- hinterlässt ein wunderbar weiches Hautgefühl
- schützt die Haut vor dem Austrocknen

Vitamin E
11 - bindet Feuchtigkeit im Stratum Corneum
- zellerneuernde und entzündungshemmende Wirkung
- glättende Wirkung auf das Hautrelief

Gepflegte Haut ist schöne Haut! Schnell online bestellen!

Überarbeitung

Face Cream Extra Rich
Machen Sie Ihre Schönheit zur Hautsache.

Wellness für Ihr Gesicht bedeutet auch: Balsam für Ihre Seele

Face Cream Extra Rich von *XXX* verleiht Ihrer Haut spürbar mehr Spannkraft und Elastizität. Denn sie polstert Falten und Linien sichtbar auf. Zudem wird Ihre Haut auf längere Zeit geschützt.

Die spezielle Formel der Schönheitspflege

Collagen ist der wichtigste Faserbestandteil Ihrer Haut. Face Cream Extra Rich von *XXX* aktiviert und schützt nicht nur Ihr hauteigenes Collagen, sondern führt weiteres hinzu.

Die Pflegeformel für anhaltende Jugendlichkeit von *XXX* lautet:

- Eigene Collagene vervielfältigen und ihre Qualität verbessern,
- den enzymatischen Collagenabbau eindämmen,
- mehrstufige Collagenmoleküle hinzufügen.

Die Wirkung dieser Formel kann sich sehen und spüren lassen

- Ein dauerhafter Schutzfilm schützt die Hautbarriere und fördert die Hautelastizität.
- Er bewahrt die Haut so vor dem Austrocknen. Kälte und andere negative Wettereinflüsse können Ihrer Haut nicht mehr so leicht etwas anhaben.
- Sie erleben ein wunderbar weiches und zartes Hautgefühl.

Die Glücksboten für Ihre Haut

XXX Face Cream Extra Rich wirkt ganzheitlich und in unterschiedlichen Hautschichten. Hier lesen Sie wie:

Procollagen
Diese sehr großen Moleküle des Collagens bilden einen sehr flexiblen Film. Das erhöht spürbar den Feuchtigkeitsgehalt und die Spannkraft der Haut. Falten und Linien werden dadurch sichtbar reduziert.

Hydrolyzed Collagen
Dieses Collagen stimuliert wichtige Zellprozesse. Es unterstützt die dreidimensionale Struktur der Hautschicht (Dermis). Das führt zu einem höheren Gewebevolumen. Zusammenhalt und Flexibilität der Haut werden spürbar gestärkt.

ProBarrier
Dieses Gemisch aus wachsartigen Artikeln bildet einen dauerhaften, aber nicht verschließenden Schutzfilm. Es hält die Wärmebilanz der Haut aufrecht und hinterlässt ein wunderbar weiches Hautgefühl. Zudem schützt es die Haut vor dem Austrocknen und negativen wetterbedingten Einflüssen.

Vitamin E
Dieser wichtige Nährstoff bindet die Feuchtigkeit in der obersten Schicht der Epidermis (Stratum Corneum). Er besitzt eine zellerneuernde und entzündungshemmende Wirkung sowie eine glättende Wirkung auf das Hautrelief.

XXX Face Cream Extra Rich gibt's auch in einer Sondergröße mit 100 ml.

Gepflegte Haut ist schöne Haut! Schnell online bestellen!

Text 13 Original Broschüren-Text eines Werkzeugherstellers

1 **ZERSPANUNGSTECHNOLOGIE MIT VORWÄRTSDRANG.**

2 Die Automobilindustrie unterliegt wie kaum eine andere Branche einem radikalen
3 Bewusstseinswandel. Bestimmte jahrzehntelang das Tempo die Richtung, so
gehört heute zur Fahrfreude ganz selbstverständlich die »Freude an der Energie-
4 effizienz«. Das ökologische Bewusstsein fordert in bisher unbekannter Radikalität
5 die Entwicklung neuer Technologien, die zu wirklich innovativen Bauteilen und
6 schließlich zu neuen, energiesparenden und attraktiven Automobilen führen.

7 Hinzukommen anspruchsvolle ökonomische Rahmenbedingungen, die vor allem
die Automobilzulieferer vor große Herausforderungen stellen: In Kombination mit
schnellen Modellwechseln müssen Produktivitätssteigerungen bei gleichbleibend
hoher Qualität und nach wie vor geringen Margen erzielt werden.

8 Mit unseren Kompetenzmarken *XXX, XXX YYY* und *XXX ZZZ* erhalten Sie von
einem Spezialisten der Automobilindustrie Hightechwerkzeuge und Bearbeitungs-
lösungen für die Komplettbearbeitung, und zwar aus einer Hand. Unser Ziel ist das
Erreichen Ihrer Ziele – in Sachen Innovation, Flexibilität, Qualität und Produktivität.

Erwarten Sie mehr. Setzen Sie mit uns Ihre Visionen um.

---

1 Ein Hersteller von Zerspanungstechnologie schreibt in einer seiner Broschüren eben über diese. Da Printmedien noch keine SEO-Überschriften leisten müssen, braucht es dieses Wort nicht. Und da Bohrer oder Fräsen sich immer nach vorne arbeiten, wirkt diese Headline gleich doppelt tautologisch.

2 Das ist ganz schön verschwurbelt ausgedrückt.

3 Und das auch.

4 Wieder ist vom Bewusstsein und von der Radikalität die Rede. Der Text müsste jetzt mal auf den Punkt kommen.

Überarbeitung

GEWINNER ÜBERHOLEN ZUERST DIE TECHNIK.

Wer der Automobilindustrie Lösungen bieten möchte, muss ihre wichtigsten Antriebe kennen: den Gesetzgeber, den Wettbewerb und die Kunden. Denn ihre Vorgaben und Wünsche bilden die Grundlage der Entwicklung. Und damit den Maßstab für Ihre Technologie.

Autos schneller und leistungsstärker zu machen, reicht nicht mehr aus. Der Umwelt- und Ressourcenschutz legt heute die Ziele fest. Die neuesten Modelle müssen immer sicherer, sparsamer und effizienter sein. Hier sind Ihre Bauteile gefordert.

Höchste Formgenauigkeit, beste Oberflächengüte und die Produktivität maximal steigern. Nur so beantworten Sie die Herausforderungen der Branche. Mit Hightech-Werkzeugen von einem Spezialisten. Und mit Lösungen für die Komplettbearbeitung – und zwar aus einer Hand.

Mit den Marken *XXX, XXX YYY* und *XXX ZZZ* erreichen Sie Ihre Ziele präziser – in puncto Innovation, Flexibilität, Qualität und Produktivität.

Erwarten Sie mehr. Setzen Sie mit uns Ihre Visionen um.

5__ »Wirklich innovativ« klingt wirklich nach Werbung.

6__ Hätte man das nicht viel einfacher und direkter ausdrücken können?

7__ Das klingt nach Praktikersprech.

8__ Und das nach Vertriebs-Blabla.

Text 14 Original Nachfass-E-Mail eines Content-Dienstleisters

1   *Produkttitel* – **Ihre kostenlose Probeausgabe**

[Anrede],

2   vielen Dank, dass Ihnen *[Frau Bearbeiter]* heute den Informationsdienst *Produkttitel* telefonisch vorstellen durfte.

3   Wie [mit Ihnen / bzw. Frau / Herrn ...] vereinbart, erhalten Sie die **aktuelle Ausgabe** *Titel* in den nächsten Tagen per Post. Zusätzlich senden wir Ihnen als Dankeschön für Ihr Interesse die Sonderausgabe »*Titel des Heftes*«.

4   Außerdem können Sie **den Kundenbereich der Webseite** *unternehmens- name.de* während der gesamten Probezeit kostenlos und uneingeschränkt

5   nutzen. Weitere Informationen zur Anmeldung erhalten Sie mit dem Heft.

6 / 7   **Sie testen ohne Risiko:** Überzeugt Sie der Informationsdienst nicht, stellen wir die Belieferung nach dem Test sofort wieder ein. Sagen Sie uns dann einfach bis 14 Tage nach Erhalt der Probeausgabe Bescheid:
Adressfeld

Möchten Sie den Informationsdienst nach dem Test weiter nutzen, brauchen Sie nichts zu veranlassen. Die monatliche Belieferung erfolgt dann für 79,50 € pro Halbjahr inklusive Versand und Umsatzsteuer. Den Bezug können Sie jederzeit zum Quartalsende kündigen.

8   Im Telefongespräch kann es auch zu Missverständnissen kommen. War die Zusendung der Probeausgabe so nicht von Ihnen gewollt oder anders vereinbart, bitte ich Sie um kurze Mitteilung. Wir werden dann sofort Ihren Wünschen entsprechend reagieren.

Mit freundlichen Grüßen

---

1   Die deskriptive Überschrift animiert den Leser nicht.

2   Das ist noch ein Anschreiben der »alten Schule«: höflich, aber zu kompliziert. Viele Informationen sind dem Leser bekannt, werden ihm aber wie in einem Protokoll vorgelegt. So etwas macht einen Brief schwerfällig und ausladend.

3   Weitere Belege für den überholten Stil sind die »Wir«-Sicht (»Zusätzlich senden wir Ihnen ...«) und die vielen Modalverben.

4   Das Problem am Modalverb »können« jedoch folgendes: Was er kann, kann er auch bleiben lassen. Unbestimmtheiten machen einen Text immer auch ein Stück belanglos.

5   Anmeldung, Belieferung, Zusendung: Substantivierungen sind ein Indiz für verstaubtes Papierdeutsch und nicht für einen modernen Informationsdienst.

Überarbeitung

Kostenloser *Produkttitel:*
Ihr Wissensvorsprung ist schon auf dem Weg.

[Anrede],

vielen Dank für das Gespräch, auch im Namen von *[Frau Bearbeiter].* Es freut uns, dass Sie sich für den Informationsdienst *Produkttitel* interessieren.

Schon in den nächsten Tagen halten Sie die **aktuelle Ausgabe** Titel in Ihren Händen. Dazu schicken wir Ihnen die Sonderausgabe »*Titel des Heftes*«.

Noch ein Tipp: Nutzen Sie während der Probezeit auch unseren Kundenbereich auf *unternehmensname.de* – kostenlos und uneingeschränkt.
Wichtige Informationen dazu finden Sie im Heft.

Wie geht es nach der Probezeit weiter? Wenn Ihnen der Informationsdienst gefällt, brauchen Sie nichts weiter zu tun. Sie erhalten ihn monatlich für 79,50 Euro pro Halbjahr (inklusive Versand und Umsatzsteuer). Sie können natürlich jederzeit zum Quartalsende kündigen.

Möchten Sie keine weiteren Exemplare? Dann sagen Sie uns einfach bis 14 Tage nach Erhalt der Probeausgabe Bescheid:
Adressfeld

Wir wünschen Ihnen viel Freude mit dem Informationsdienst *Produkttitel.*

Freundliche Grüße

Bahnsinnig originell.

Wie eine Unternehmenssprache entgleisen kann.

Auf den folgenden Seiten lernen Sie zwölf Fallbeispiele von Corporate-Language-Entwicklungen kennen, die nachweislich erfolgreich sind. Beginnen möchten wir jedoch mit einer, die durch ihre »Störungen im Betriebsablauf« bekannt geworden ist.

Sie wissen vielleicht nicht, was eine *Abfertigungshilfe* ist oder eine *seitenselektive Türsteuerung*. Sie wissen jedoch ganz genau, wer so spricht: die Bahn. Natürlich ist es in Ordnung, dass auch die Bahn ihre Fachsprache hat, wie jede andere Branche auch. Und der Begriff Fachsprache sagt bereits, dass sie nicht für die Ohren der Laien bestimmt ist. Daher müssen wir auch nicht wissen, was die *Reisezugwagen-Instandhaltung in Ganzzügen* bedeutet oder was unter *technische Spezifikationen für die Interoperabilität* zu verstehen ist.

Zwei Dinge geben uns an der Sprache der Bahn aber doch zu denken. Zum einen bedient sie sich einer Terminologie, die selbst schlimmste Erwartungen an das Bürokratendeutsch übertreffen. Da scheinen Wörter in ihrer monströsen Ausprägung die Länge von Güterzügen nachzuahmen, wie die nicht enden wollende *Eisenbahninfrastrukturnutzungsverordnung*. Oder ihre Bedeutungen geben uns Rätsel auf. Ist die *Betriebsunfallvorschrift* etwa eine Weisung, Unfälle zu verursachen? Dies dürfte einige an die Wendung »Der Zug fährt heute aus Gleis 2« erinnern. Möchten doch alle Passagiere viel lieber, dass der Zug auf statt aus dem Gleis fährt. Und das ist, zweitens, was am meisten irritiert: die Tatsache, dass die Bahn ihr Kauderwelsch auch in der Kommunikation mit Kunden einsetzt. Und zwar systematisch.

Jedem Bahnreisenden in diesem Land haben sich bahn-typische Vokabeln in das Gedächtnis eingeprägt, etwa der *Wagenstandsanzeiger*, die *umgekehrte Wagenreihung* oder das *erhöhte Beförderungsentgelt*. Wenn der *mobile Brezelverkäufer* in Kassel-Wilhelmshöhe zusteigt, sorgt dies vielleicht noch für ein Schmunzeln. Bei anderen Neologismen kann man nur noch den Kopf schütteln. So informiert die Bahn beispielsweise gerne auf folgende Weise: »Zudem wurde eine Zugkomposition auf dem Gleis 1 abgestellt, um das Überqueren der Schienen zu *verunmöglichen*.«

Wenn Sie im Speisewagen die Rostbratwürstchen ohne Brot bestellen, kann es vorkommen, dass die Servicekraft Ihnen antwortet: »Ich kann Ihnen das nur mit Brot *einbonieren*.« Vom Einbonieren zur Borniertheit ist es da nur noch eine kurze Strecke.

Häufig treffen wir auf Wörter, die negativ beladen sind: *außerplanmäßig, Weichenstörung, Zusatzverlustzeit.* Insider kennen auch das Wort *Fleischgewicht.*[11] Es soll allen Ernstes das Gewicht aller Fahrgäste in einem Zug zum Ausdruck bringen. Ist das noch Abgestumpftheit oder bereits Zynismus? So bringt man jedenfalls das Image eines Unternehmens zielsicher unter die Räder.

Gerne lässt die Bahn ihre Kunden auch mit Phrasen im Unklaren. Wenn beispielsweise von einer *Verzögerung im Betriebsablauf* die Rede ist, dann ist dies eine aufgeblähte Leerformel. Sie steht für alles und nichts. Der Betrieb kann sich verzögern, weil die Türen defekt waren, das Personal zu spät kam oder die Weichen falsch gestellt wurden. Die klare Kommunikation landet auf dem Abstellgleis.

Ebenfalls berüchtigt ist die Taktik, wichtige Botschaften über Umleitungen zu verkünden. In diesen Fällen werden erst einmal ein Menge Informationen aufgefahren, um das, auf was es ankommt, ganz am Schluss zu präsentieren: »Der RE 5 von Hamburg Hauptbahnhof nach Cuxhaven, planmäßige Abfahrt 7 Uhr 5, über Harburg, Buxtehude, Horneburg, Stade, Hammah, Himmelpforten, Hechthausen, Hemmoor, Wingst, Cadenberge, Otterndorf, heute mit Sonderhalt in Neugraben, entfällt.«

Das nervt Kunden – vor allem, wenn die Schlusspointe nicht zum Lachen ist. Nicht pünktlich kommen und dann noch nicht einmal auf den Punkt kommen.

Immerhin wurde die Floskel »Wir danken für Ihr Verständnis« bei unangenehmen Durchsagen aus dem Phrasenschatz gestrichen. Denn wenn Kunden etwas mit der Sprache der Bahn in Verbindung bringen, ist das vor allem eines: Unverständnis.

Das unverständliche Sprechen ist zum Markenzeichen der Bahn geworden. Es repräsentiert das Wesen des Unternehmens, es ist ihre Corporate Language. Als sei das alles nicht genug, sollte eine Flut von denglischen Wörtern noch den letzten Rest an Verständlichkeit rauben.

Da haben wir es dem preußischen Oberbaurat Otto Sarrazin (1842–1921) zu verdanken, dass er einst viele Begriffe aus dem Eisenbahnwesen eindeutschte: Abteil für Coupé, Bahnsteig für Perron, Fahrgast für Passagier, Fahrkarte für Billet, Schaffner für Konducteur.[12] Und viele Jahre später wirft Bahn-Chef Hartmut Mehdorn alles über den Haufen mit *Service Points, Mobility Card, Touch&Travel, City Nightline, Call-a-Bike.* Zum Lohn wurde er zum Sprachpanscher des Jahres 2007 gekürt.[13]

Quellen
Nummer 11 — 17
Seite 222 – 223

Wer schon einmal mit der Bahn nach Frankfurt am Main gefahren ist, hat möglicherweise diese Ansage erleben dürfen: »Nächster Halt Frankfurt am Main, Hauptbahnhof.« Und darauf das Ganze auf Englisch: »*We arrive Frankfurt Main, main station*« (gesprochen: Fränkfört Main, Main stäischn), rückübersetzt: »Wir erreichen Frankfurt-Haupt, Hauptbahnhof.« Viele Passagiere denken bei solchen Durchsagen laut darüber nach, ob sie in puncto Kundenansprache nicht doch im falschen Zug sitzen. Und dabei bedurfte es bei der Bahn noch nie englischer Ausdrücke, um missverstanden zu werden. Ihre Sprache folgte schon immer einer ganz eigenen Logik.

Ein Beispiel: Bahnhof Baden-Baden. Die Bahnhofsuhr zeigt 8:30. Der Lautsprecher gibt durch: »*Es fährt ein der Regionalexpress nach Karlsruhe. Abfahrt war 8 Uhr 16.*« Die physikalischen Gesetze von Raum und Zeit verlieren so ihre Gültigkeit. Die Bahn denkt offenbar in eigenen Dimensionen. Wenn Sie öfters mit der Bahn reisen, werden Sie sicherlich viele ähnliche Beispiel kennen.

Es entbehrt nicht einer gewissen Ironie, dass ausgerechnet die Sprache der Bahn uns oft nur noch Bahnhof verstehen lässt. Dabei zeigt gerade diese Redewendung, dass es auch anders geht. Viele Metaphern – Sie werden es in diesem Text bereits gemerkt haben – stammen aus dem Umfeld der Bahn. Und es gibt noch einige mehr:

——Dampf machen

——eine Schippe drauflegen

——die richtigen Weichen stellen

——jemandem einen großen Bahnhof bereiten
(zum Beispiel dem Kunden)

——auf den fahrenden Zug aufspringen

Wir nutzen sie alle täglich in unterschiedlichen Zusammenhängen. In der Politik und Wirtschaft, wenn darauf hingewiesen wird, dass es *höchste Eisenbahn* für etwas sei, weil Maßnahmen *zügig* umgesetzt werden müssten. Nicht selten wird eine *Wachstumslokomotive* gefordert. Auch im Sport verwenden wir regelmäßig eine Metapher aus der Bahnsprache. Belegt eine Mannschaft in der Tabelle den letzten Platz, so heißt es stets: Sie trage die *rote Laterne*. Auch dieses Bild wurde aus der Welt der Eisenbahnen übernommen. Denn früher kennzeichnete eine rote Laterne den letzten Wagen eines Zuges.

Was wäre also naheliegender als die vielen Sprachbilder zu nutzen, um die eigene Unternehmenssprache lebendiger, greifbarer und sympathischer zu machen? Vielleicht ist das der Bahn schlicht zu bieder. Denn auch sie versteht das Spiel mit den Metaphern – auf ihre Art.

Ein eindrucksvolles Beispiel lieferte sie 2012 mit einem Plakat, auf dem sie über Bauarbeiten informierte. Es war ein Paradebeispiel fehlgeleiteter Kommunikation. Der Text damals lautete:

> *Für unseren Feldzug sollten auch Sie gut gerüstet sein!*
> *Mit unseren Bau-Informationen sind Sie bestens gewappnet.*
>
> *Auf einem Schienennetz von 64.000 Kilometern kämpfen wir auch in diesem Jahr für zuverlässige Strecken und moderne Bahnhöfe. Unsere Schlachtpläne haben wir so optimiert, dass Sie so wenig Verluste wie möglich in Kauf nehmen müssen.*
> *Oft wird Ihre Reiseplanung durch unsere Bauarbeiten attackiert. Doch niemand muss sich dadurch bedroht fühlen. Über unsere umfangreichen Informationskanäle weihen wir Sie vorab in unsere Bau-Strategie ein, damit Sie den Unannehmlichkeiten taktisch klug ausweichen können.*

Ob der vermeintliche Sprachwitz in dem Begriff »Feld*zug*« die Bahn dazu veranlasste, sich dieser Metaphorik zu bedienen? In der deutschen Sprache sind rund 650 Redewendungen aus der Wehr- und Kriegssprache belegt.[14] Das »Arsenal« für einen solchen Text ist also groß. Dennoch war dies kein wohlüberlegter Schach*zug*. Das verbale Aufrüsten sollte generell ein Tabu für Unternehmen sein. Denn negativ konnotierte Begriffe lösen negative Empfindungen aus. So wissen wir aus der Psychologie, dass Wörter ebenso das Schmerzzentrum im Gehirn aktivieren können wie beispielsweise reale Nadelstiche.[15] Welche Wirkung hat eine solche Sprache erst bei Kunden, die ohnehin schon leicht aggressiv auf »Störungen im Betriebsablauf« reagieren? Ohne Gefühl und Logik wird verkündet, der Reisende werde »attackiert«, solle sich deswegen aber nicht »bedroht« fühlen. Bei einem Wort wie »Schlachtplan« gleitet das Martialische ins Geschmacklose ab. Wenn in diesem kriegerischen Kontext dann sogar noch von »Verlusten« die Rede ist, stellen sich unweigerlich Assoziationen zu sterbenden Menschen ein. Und die Kommunikation entgleist vollends.

Dazu passend war ein Jahr später in der WELT zu lesen: »Wie die Bahn versucht, mit der deutschen Sprache Frieden zu schließen«.[16]

Wenngleich diese Schlagzeile in einem anderen Zusammenhang stand. Bei der DEUTSCHEN BAHN setzte gerade ein Umdenken im Fremdsprachgebrauch ein. Sie verbannte Anglizismen aus ihrem Wortschatz. Mehdorns Nachfolger Rüdiger Grube ließ ein ganzes Glossar anfertigen, in welchem englische Wörter wieder in deutsche rückübersetzt wurden. Aus dem *Service Point* wurde die *Information,* aus dem *Flyer* der *Handzettel.* Und prompt wurde die Bahn als »Sprachwahrer des Jahres« 2013 ausgezeichnet.[17]

Vermutlich setzte die Bahn zunächst auf die vielen Anglizismen, um Weltgewandtheit und Modernität auszudrücken. Dabei dürften ihren Fahrgästen einige andere Punkte viel wichtiger sein. Beispielsweise Schnelligkeit, Unkompliziertheit, Freundlichkeit. Auch diese Werte hätte man problemlos umsetzen können. Durch kurze und verständliche Wörter, einen einfachen Satzbau sowie eine sympathische und persönliche Ansprache.

Nicht, dass die Bediensteten der Bahn alle unfreundlich wären. Das zeigt diese Begebenheit: Fahrt mit dem ICE von Homburg Richtung Mannheim. Der Zug hat eine satte Verspätung. Der Zugbegleiter hat sich vorgenommen, sich dafür zu entschuldigen. Doch was sagt er? *»Wir bedanken uns trotz der Verspätung, dass Sie mit der Bahn gefahren sind.«* (Statt: Wir bedanken uns, dass Sie trotz der Verspätung mit der Bahn gefahren sind.)

Der ungelenke Umgang mit Sprache ist bei der Bahn wiedererkennbar und markant. Die Frage ist nur: Sollte eine Sprache, die zu ihrer eigenen Parodie neigt, wirklich ein Markenzeichen sein? Immerhin nehmen viele Menschen die sprachlichen Marotten der Bahn noch mit Humor.

An einem Kiosk entdecke ich eine Postkarte mit einem Cartoon. Zu sehen ist ein Herr in einem Abteil, der zu dem neben ihm stehenden Zugbegleiter sagt: »Das Vorzeigen der Fahrkarte verspätet sich leider um ca. 40 Minuten.«

Noch ist der Zug nicht abgefahren – für die Kommunikation zwischen der Bahn und ihren Kunden.

Nur eine konsistente Unternehmenssprache führt zu den gewünschten Ergebnissen.

Interview mit
Thomas Michael Koller

Thomas Michael Koller ist Leiter Markenführung, Marketing und Kommunikation der VDE-GRUPPE. In seiner langjährigen Laufbahn verbuchte er Erfolge mit globalen Konzernen aus den Branchen Gesundheitswesen, Hightech und Automotive. Für das Unternehmen SIEMENS verantwortete er – parallel zum Start der Kampagne »Ingenuity for life« – die Entwicklung einer internationalen Corporate Language.

Herr Koller, warum sollten sich Unternehmen mit dem Thema Corporate Language beschäftigen?

Thomas Michael Koller: In Zeiten des Wandels und der Transformation gewinnen die Themen Unternehmensstrategie und Markenführung an Bedeutung. Die Unternehmensstrategie sollte das langfristige Unternehmensziel, die Positionierung und Ausrichtung fokussieren und die Ausgangsbasis für eine stringente Markenstrategie sein. Das Thema Corporate Language spielt dabei eine wichtige Rolle. Denn sie besitzt signifikante Potenziale, um ein Unternehmen eindeutig zu positionieren, stringenter zu kommunizieren und agieren zu lassen. Letztendlich hat eine Corporate Language auch finanzielle Vorteile.

Könnten Sie uns die etwas näher beschreiben?

TMK: Mit einer Markenstrategie als Ausgangspunkt tangiert der Aktionsradius einer Corporate Language so gut wie alle Funktionen und Bereiche eines Unternehmens. Durch eine eindeutige CL wird ein Rahmen für Kommunikations-, Marketing- und Unternehmensbausteine gelegt, dessen *Return-on-Investment* innerhalb von kürzester Zeit gewährleistet ist. Ja, mehr noch. In meiner Verantwortung konnte ich feststellen, dass gerade bei international agierenden Unternehmen die zentrale Verfügbarkeit von CL-Bausteinen lokalen Partnern und Vertriebsorganisationen erhebliche Aufwendungen erspart. Besonders bei der Erstellung von Informationen hat sich gezeigt, dass es zu einer *signifikanten Reduktion von Aufwendungen* führt, wenn Informationen zentral und stringent zur Verfügung gestellt werden, so dass lokal lediglich Adaptionen notwendig sind. Zudem gewährleistet eine unternehmensweite CL auch eine globale Stringenz und Validität von Informationen.

Warum ist eine stringente und konsistente Sprache für Unternehmen heute so wichtig?

> **TMK:** Je widerspruchsfreier ein Unternehmen in seiner Kommunikation agiert, umso klarer wird dieses Unternehmen positioniert. Gerade in den letzten Jahren und in Zeiten der Digitalisierung sollte diesem Aspekt größte Bedeutung beigemessen werden. Betrachtet man die Algorithmen von Suchmaschinen genauer, so wird einem schnell klar, dass eine konsistente Unternehmenssprache, auf allen verfügbaren Kanälen, zu einer signifikanten Steigerung der gewünschten Ergebnisse führen wird. Auch aus Rezipienten- und Kundensicht ist eine klare und eineindeutige Unternehmenssprache an sämtlichen Touchpoints wünschenswert.

Audio gewinnt an Bedeutung.
Inwiefern ist hier eine Corporate Language hilfreich?

> **TMK:** Da Kommunikation sich nicht nur im gesprochenen und geschriebenen Wort widerspiegelt, nutzte ich in meiner beruflichen Vergangenheit die Entwicklungen von CL auch für die Entwicklungen von Corporate-Sound-Elementen. Die Art und Weise, wie ein Unternehmen kommunizieren möchte, sollte sich auch im Bereich Klang stringent widerspiegeln. Eine Symbiose aus Corporate Language und Corporate Sound konnte in zahlreichen Umsetzungen belegen, dass dies zu einer nachhaltigen Verstärkung in der Sinneswahrnehmung von gesendeten Botschaften führt.
> So wurden unter anderem im Bereich der multimedialen Umsetzungen deutliche Erfolge erzielt, indem die Taktung und Auswahl der musikalischen Elemente klar auf das Thema Corporate Language abgestimmt wurde. Über zahlreiche praxisnahe Untersuchungen konnten wir feststellen, dass dies zu einer konsequenteren Positionierung und Darstellung von Botschaften führte.
> Gerade für die Vertriebs- und Marketingprozesse ist dies von besonderer Bedeutung. Denn es ist wissenschaftlich erwiesen, dass im Kaufentscheidungsprozess die akustische Wahrnehmung einen über 40%igen Einfluss hat. Und dies nicht nur im B2C-Bereich, sondern gerade auch im B2B-Umfeld.

Beeinflusst die Corporate Language auch die visuelle Sprache?

TMK: Mit den Erfahrungen im Bereich Corporate Language und Corporate Sound kann auch die visuelle Sprache angepasst und weiter optimiert werden, um den wichtigsten Wahrnehmungssinn im Kaufentscheidungsprozess weiter zu schärfen. Das Zusammenspiel der visuellen Umsetzung von Inhalten und Botschaften ermöglichte mir mehrfach ein äußerst stringentes Bild nach innen und außen zu vermitteln. Dadurch gelang es, die Positionierung des Unternehmens im Wettbewerbsumfeld deutlich hervorzuheben. Zudem gelang es, das Thema Corporate Language auch für die Definition und Entwicklung von Produkt- und Serviceangeboten als Ausgangsbasis zu nutzen – und somit diesen Bereich klar und konsequent zu führen.

An dieser Stelle möchte ich noch erwähnen, dass die Einführung einer unternehmensweiten CL von allen Beteiligten in einem Unternehmen getragen werden muss. Meine Erfahrungen haben jedoch gezeigt, dass sich diese Anstrengungen mehr als lohnen – nicht nur für den Bereich der digitalen Kommunikation, sondern besonders im Dialog mit Kunden, Mitarbeitern, Öffentlichkeit und Investoren.

Für SIEMENS sind Innovationen und Ideen seit 1847 der Schlüssel zum Erfolg. Sie geben Sicherheit und Perspektive im stetigen Wandel. »Ingenuity for life« ist Versprechen und Antrieb zugleich, einen Beitrag zu leisten – für die Gesellschaft, für die Kunden und für jeden Einzelnen. Die SIEMENS Brand Language sorgt dafür, dass jeder Text, extern wie intern, geschrieben wie gesprochen, offline wie online, auf der ganzen Welt diese Positionierung erlebbar macht.

Den Menschen in den Mittelpunkt stellen.

Case
NIVEA

Interview mit
Ralph Zimmerer

Wohl kaum einer Marke vertrauen mehr Menschen als NIVEA. Deshalb müssen die Verantwortlichen sehr sensibel vorgehen, wenn sie die Haltung der heutigen Zeit anpassen. Und die Denke und Philosophie an neue Consumer Touchpoints tragen. Was bedeutet das für die internationale Brand Language? Damit befasst sich Ralph Zimmerer, Global Vice President NIVEA Brand & Design. Nachdem 2011 bis 2013 die NIVEA Corporate Language für das deutschsprachige Gebiet erarbeitet wurde, geht es nun um die internationale Markensprache: The NIVEA Brand Language.

Herr Zimmerer, NIVEA steht für gepflegte Haut. Da geht es doch in erster Linie darum, die richtige Bildwelt zu finden – denken viele. Warum nehmen Sie Sprache mindestens genauso wichtig?

Ralph Zimmerer: Natürlich ist für uns das Aussehen der Haut sehr wichtig. Unser Schönheitsideal bei NIVEA ist gesunde, schöne Haut. Dieses Versprechen geht auf unseren Gründer, Herrn Oscar Troplowitz, zurück. Gleichzeitig ist eine Marke aber auch eine Person, die spricht, Werte hat, Gedanken und Versprechen formuliert. Deswegen ist Sprache für uns mindestens genauso wichtig wie das Visuelle.

Ihr neuer CEO, Stefan De Loecker, hat es sehr schön in Worte gefasst: »NIVEA gehört nicht uns, NIVEA gehört den Menschen.«
Was bedeutet das für die Sprache?

RZ: Das bedeutet für uns, dass wir in einer Sprache sprechen, die einfach und klar verständlich ist, ohne infantil zu werden. Die *den Menschen in den Mittelpunkt* stellt. Gleichzeitig geht es auch darum, komplexe Zusammenhänge so zu verstehen, dass wir sie mit Sprache eingängig erklären können.

Wenn die Brand-Ebene sich so verändert: Wie weit wird das durchgetragen in die Produktebene? Hat das Auswirkungen auf das Naming, die Verpackungen, die Produkt-Claims?

> Ja. Bei einer globalen Marke wie NIVEA hängt alles zusammen. Die Veränderungen auf der Markenebene werden durchdekliniert – von dem Purpose zur Positionierung und in jedes Element des Marketing-Mixes. Das macht es herausfordernd, aber auch spannend.

Wird es dann auch eine männliche und eine weibliche Sprache geben? Für die Männer-Produkte und die Performance-Produkte für Frauen?

> RZ: Was die Sprachdifferenzierung treibt, ist unsere Markenarchitektur, die die Menschen, für die wir arbeiten, in den Mittelpunkt stellt. Von daher haben wir eine grundsätzliche NIVEA Sprache definiert, die dann nach der Architektur jeweils angepasst wird. Wir haben beispielsweise auf der Design-Ebene dann auch verschiedene sogenannte Schnitte der NIVEA Typografie entsprechend der Zielgruppe.

In drei Jahren spätestens – das sagen die Forscher – heißt es: Sprechen statt Wischen. Was bedeutet das für die Marke NIVEA, wenn sie hauptsächlich durch Sprachassistenten mit den Konsumenten kommuniziert? Muss die Sprache empathischer, emotionaler, bildhafter werden?

> RZ: Idealerweise sollte die Sprache alle drei Elemente adressieren. Da ja die Stimme oft doch vorgegeben ist, werden wir uns primär auf eine ansprechende, bildhafte Sprache fokussieren. Es geht darum, mit der Sprache die Fantasie anzuregen und *eine emotionale Verbindung mit der Marke* herzustellen, die mich als Menschen anspricht.

Gleichzeitig ist eine Marke aber auch eine Person, die spricht, Werte hat, Gedanken und Versprechen formuliert. Deswegen ist Sprache für uns mindestens genauso wichtig wie das Visuelle.

NIVEA ist seit über 100 Jahren eine Marke für alle. Sie steht für Nähe, Geborgenheit und zuverlässige Pflege, für jeden Hauttyp. 2020 wurde NIVEA erneut von Verbrauchern in sieben Ländern Europas zur Most Trusted Brand im Bereich Haut- und Haarpflege gekürt.

Die große Herausforderung ist das durchgängige Markenerlebnis.

Case
VODAFONE

Interview mit
Gregor Gründgens

Seit 2014 nutzt VODAFONE neben der Visual Identity und der Acoustic Identity die Language Identity als den dritten Anker im Branding. VODAFONE hat seine CL im Unternehmen in drei Schritten eingeführt: Entwickeln – Implementieren – Aktualisieren. Das Ergebnis schon nach einem Jahr: VODAFONE DEUTSCHLAND ist der erste Anbieter im Telekommunikationsmarkt, der vom TÜV zertifiziert wurde für verständliche Online-Kommunikation. Nachdem 75.000 Texte auf die VODAFONE CL umgestellt wurden, beweist das Kundenboard: 84 % der Kunden stufen die Kommunikation als »sehr verständlich« ein. Die VODAFONE CL wird angewendet in Advertising, Frontline-Tonalität, Public Relations. Sie wird laufend aktualisiert und trug maßgeblich dazu bei, dass VODAFONE in den letzten Jahren zur »GigaBit Company« wurde. Das Interview zur Corporate Language führten wir mit Gregor Gründgens, Director Brand Marketing bei VODAFONE DEUTSCHLAND.

Warum beschäftigen Sie sich mit dem Thema Corporate Language?

Gregor Gründgens: Jede Marke definiert sich durch ganze bestimmte Charakteristika. Diese machen sie zu individuellen Persönlichkeiten. Man kann sich eine Markenpersönlichkeit durchaus wie einen Menschen vorstellen. Zwangsläufig stellt man sich dann aber auch die Frage: Wie spricht diese Persönlichkeit? Geschieht dies auf eine eigene und wiedererkennbare Art, hinterlässt die Marke Eindruck. Daher erkennt man erfolgreiche Marken und Unternehmen meist an ihren sprachlichen Codes.

Was macht ein gute Corporate Language aus?

GG: Weit vor der Frage nach guten oder schlechten Merkmalen steht die konsistente Anwendung einer Corporate Language. Bisher hatten Unternehmen oft das Problem, dass viele Bereiche, die Kundenkommunikation betreiben, untereinander gar nicht kommunizierten. Doch *Sprache ist das durchgängigste Element durch alle Touchpoints.* Sie muss aus einem Guss kommen, um für ein konsistentes Markenerlebnis sorgen zu können.

Ist die Corporate Language bereits ein elementarer Bestandteil
Ihres Unternehmens?

GG: Corporate Language gehört ebenso wie Corporate Behavior und Corporate Identity zu den Bausteinen, die Markenqualität und Markenerlebnis erst ermöglichen. Sie erzeugt in den Kunden ein Gefühl der Verlässlichkeit. *Das sprachliche Sich-zu-Hause-Fühlen ist so wichtig wie das Angebot.* Das gilt übrigens für Unternehmen und Dienstleister jeglicher Größe.

Wie vermitteln Sie Ihren doch recht vielen Mitarbeitern
die Corporate Language?

GG: Bei Tausenden von Mitarbeitern alleine am Standort in Düsseldorf braucht es einen Schritt-für-Schritt-Plan. Zunächst schulen wir die Mitarbeiter an den Kundenschnittstellen, sprich die Callcenter-Agents und Shop-Mitarbeiter. Dann die Kollegen im Beschwerdemanagement, dann die Verfasser von SMS-Texten. Diese Linie zieht sich durch das ganze Unternehmen – am liebsten bis zur Speisekarte im Betriebsrestaurant.

In welche Richtung wird sich Sprache weiter verändern?

GG: Wie sich Sprache verändert und welchen Beitrag wir dazu leisten, hängt von der gesellschaftlichen Entwicklung ab. *Die Digitalisierung veränderte die Sprache sehr, indem sie die Interaktionen deutlich verkürzte.* Wie es weitergeht, wird man sehen. Jedoch wird sich Sprache auch weiterhin dem Milieu anpassen, in dem sie existieren muss.

Sprache ist
das durchgängigste Element
durch alle Touchpoints.
Sie muss
aus einem Guss kommen,
um für ein konsistentes
Markenerlebnis
sorgen zu können.

VODAFONE DEUTSCHLAND ist ein Tochterunternehmen der britischen Mobilfunkgesellschaft VODAFONE GROUP. Sie bietet in Deutschland Mobilfunk, DSL, LTE, Kabelinternet, Festnetztelefonie, Kabelfernsehen und IPTV an. VODAFONE ist mit fast 48 Millionen geschalteten SIM-Karten der größte Mobilfunkanbieter in Deutschland. Für VODAFONE DEUTSCHLAND arbeiten aktuell 15.500 Mitarbeiter (inkl. UNITYMEDIA, Stand Mai 2020). Am 18. Juli 2019 gab die EU-Wettbewerbskommission grünes Licht für die Übernahme des Kabelgeschäfts von LIBERTY GLOBAL (in Deutschland als UNITYMEDIA bekannt).

Wie erreichen wir, dass das Herz hüpft?

Case
OTTO

Interview mit
Thomas Steck

Die OTTO Group ist eine weltweit agierende Handels- und Dienstleistungsgruppe mit rund 52.560 Mitarbeitern. Mit 30 Unternehmensgruppen ist sie in mehr als 30 Ländern auf der ganzen Welt präsent. Sie gehört mit einem Online-Umsatz von 7,7 Milliarden Euro zu den weltweit größten Online-Händlern. Mit dem Onlineshop OTTO.DE mit seinen über 7000 Marken gehen bis zu zehn Bestellungen pro Sekunde ein. Damit hat das 70 Jahre alte Unternehmen erfolgreich den Sprung in die digitale Welt geschafft.

Für die Kunden ist der direkte Kontakt das, was die Vorstellung der Marke mit am stärksten prägt. Wie verkauft man daher am besten? Über die Sprache. Thomas Steck, Direktor Customer Centricity & Servicemanagement, verantwortet u. a. die Servicekommunikation von OTTO. Er ist Initiator des Projekts »Jetzt sprech' ich OTTO!«. SPIEGEL ONLINE hat über die Corporate Language berichtet und sie als große positive Ausnahme dargestellt: »OTTO geht mit so viel Akribie und Fingerspitzengefühl an die Sprache – das ist ein Vorbild für andere Marken und Unternehmen!« Was kann Thomas Steck an Ratschlägen mitgeben?

Wieso geht es OTTO gut und anderen nicht?

Thomas Steck Die Menschen, die hier arbeiten, sind verantwortlich für das, was sie abliefern. Wir wissen, dass wir uns ständig verändern müssen. Das Wichtigste für eine Marke ist: Was differenziert sie von anderen, was macht sie einzigartig und wie kann man diese Einzigartigkeit auch durch die Sprache stützen.

Denn Sprache ist nicht nur ein wichtiges Differenzierungskriterium, sie ist etwas Lebendiges und eröffnet neue Lebensrealitäten für unsere Kund*innen. Dabei müssen wir uns als Unternehmen, gerade in Zeiten der Digitalisierung und sich schnell veränderten Bedürfnissen, regelmäßig hinterfragen, ob unsere Ansprache noch zu uns – unseren Werten und Normen sowie zu unseren Kund*innen und der Gesellschaft passt. In den letzten Jahren gewann der Schwerpunkt Diversität immer mehr an Bedeutung. Themen wie eine „genderneutrale Sprache" prägen heute unsere Corporate Language. Auch unsere intern gelebte Duz-Kultur und der einhergehende Culture Change tragen maßgeblich zu unserem Erfolg bei. Denn das daraus resultierende Wir-Gefühl in unserem Unternehmen leben wir selbstverständlich auch im Außenverhältnis. Alles andere wäre schließlich nicht authentisch. Und das Wichtigste für uns als Unternehmen sind die Nähe, unsere Glaubwürdigkeit und das »Wir« zum Kund*in.

Darüber hinaus ist der Name OTTO kein Kunstname. Sondern neben dem temporär mal mehr, mal weniger gebräuchlichen und beliebten Vornamen auch ein in Deutschland durchaus bekannter Familienname. Viele assoziieren damit schnell die Hamburger Unternehmerdynastie, die unser Haus seit mittlerweile in der dritten Generation prägt. Aber unabhängig davon schaffen Namen Persönlichkeit. Und diese gilt es auszufüllen, lebendig und wiedererkennbar zu halten.

Bei OTTO standen am Anfang der Corporate Language Entwicklung nur die Medien des Kundendialogs?

TS: Ich kann mich noch sehr gut an die erste Marktforschungs-Sitzung erinnern. Den Kund*innen wurden verschiedene Texte vorgelegt. Sie schilderten ihre Assoziationen bezüglich des Schreibers: dass es sich um einen älteren, angegrauten Herrn handeln müsse, im braunen Anzug mit Ärmelschonern. Mit OTTO verbinden die Befragten aber eine ganz andere Assoziation: Das ist für sie eine lebenslustige Frau, Mitte 30, die sich für Mode interessiert und für alles, was in der Welt passiert. Die Kund*innen hatten also ein sehr gutes Gespür dafür, dass da zwei unterschiedliche Menschen – für uns Marken – mit ihnen sprechen.

Die Aufgabe war klar: Wir müssen die Sprache so fassen, dass sie zur Marke OTTO passt: jung, lebenslustig, freundlich, aufgeschlossen, auf Augenhöhe. In dem Moment, in dem ich mich auf mein Paket freue, kann man ruhig die Lebensfreude vollkommen ausspielen. Wenn ich ein bisschen länger warten muss, sollte ich als Schreibender zurückhaltender sein. Es ist also viel Psychologie und Einfühlungsvermögen notwendig, um die Unternehmenssprache zielgruppengerecht zu verfassen.

Was sind die wichtigen Bausteine der Corporate Language?

TS: Textbausteine helfen, die Individualisierung schneller hinzubekommen und das Schreiben effizienter zu machen. Der große Unterschied zwischen Corporate Wording und Corporate Language: Das eine meint nur, einen Begriff durch einen anderen zu ersetzen. Corporate Language heißt: dieses Inhalieren von Werten und dann situativ so sprechen und schreiben, dass man wirklich in dem Moment als Markenbotschafter das Wort ergreifen kann. Die Markenbotschafter übernehmen die wichtige Aufgabe, die Sprache im Unternehmen zu verbreiten. Ihnen zur Seite stehen technische Systeme, die zentral aufgebaut wurden und ständig dazu lernen. Bei allem darf man aber nicht vergessen, dass die Technik auch eine menschliche Komponente zulässt, dass sie »menschelt«.

Die OTTO-Sprache ist mittlerweile sehr durchgängig.

TS: Gerade in der Kund*innen-Kommunikation haben wir gelernt, die richtige Balance hinzubekommen. Mittlerweile haben wir ein gutes Gefühl dafür: Bis wo hin bin ich frech und inspirierend – und wo kippt es aus der Perspektive der Kund*innen und wird unangenehm? Aktuell stehen wir vor der Herausforderung, die intern gelebte Duz-Kultur an einzelnen Schnittstellen extern auszudehnen. Auch das ist ein Teil der optimierten Corporate Language von OTTO. Dabei ist es uns wichtig, auf die Wünsche unserer Kund*innen einzugehen und individuelle Anfragen nach dem »Siezen« zu berücksichtigen.

Es gibt im gesamten Haus die übereinstimmende Meinung, dass wir bei den Kund*innen als das wahrgenommen werden wollen, was wir sind: sympathisch, freundlich, offen und lebensfroh. Das ist die Basis. Wenn Sie in den CL-Workshops nach nur einem Tag schon erste Erfolgserlebnisse im Schreiben auf Basis der Corporate Language haben: großartig!

Ihre Kunden mögen die Sprache von OTTO. Feedback: Ihr sprecht so, wie euch der Schnabel gewachsen ist.

TS: Ja, das ist eine tolle Bestätigung unserer Arbeit. Manchmal geht es zum Beispiel um die Tages- oder die Jahreszeiten-Situation. Warum soll man das nicht mit rein geben ins Gespräch. Es ist doch menschlich, wenn man sagt: Ich wünsche Ihnen noch eine schöne Weihnachtszeit, einen schönen zweiten Advent. Nur so erhält man die Herzlichkeit, die Echtheit. Das Wichtige war doch zu Beginn des Corporate-Language-Prozesses folgender Gedanke: Jeder Mensch von uns trägt ein Herz mit sich rum – wie erreichen wir es, dass dieses Herz springt und hüpft – und dass eben dieses Gefühl in die Sprache Einzug hält? Die Antwort: Klare Prinzipien – und dann Gestaltungsspielraum lassen. Manchmal liegt die Lösung so nah und ist so simpel.

Anmerkung: Die Antworten von Thomas Steck wurden in der bei OTTO festgelegten gendergerechten Sprache wiedergegeben.

Sprache ohne Zwischenstopp.

Case

HANNOVER AIRPORT

Interview mit
Sönke Jacobsen

Der Wettbewerb spitzt sich zu. Auch unter den Flughäfen. Was macht den HANNOVER AIRPORT besonders? Reisende finden einfach einen Parkplatz. Und leicht zum Gate. Die Wege sind kurz. Alles ist übersichtlich. Geschäftskunden loben die unbürokratische Art. Reiseveranstaltern und Airlines ermöglicht er schnelle Reaktionszeiten. Sprich, hier ist alles einfach, leicht, kurz, übersichtlich und unkompliziert. In einem Wort: direkt. Um den Charakter dieses Flughafens in Worte zu fassen, wurde die Direktsprache geschaffen: sehr wenige Wörter, sehr kurze Sätze, null Chichi. Dafür schnelle Informationen, direkt auf den Punkt. Wir sprachen dazu mit Sönke Jacobsen, Pressesprecher / Leiter Unternehmenskommunikation beim HANNOVER AIRPORT.

Warum braucht ein Flughafen eine Unternehmenssprache?

Sönke Jacobsen: Flughäfen gibt es viele. Als Marketingtool ist die Unternehmenssprache ein oft unterschätzter Wert, um das Profil eines Airports deutlich zu schärfen. Ein CD-Manual haben alle – im Baukasten der Corporate Identity fehlt eine Corporate Language aber viel zu oft.

Gab es im Vorfeld Bedenken? Mit welchen Argumenten haben Sie diese ausgeräumt?

SJ: Begeisterung wecken und klare Argumente vortragen. Das bringt schnell Überzeugung. Genauso wie Vorher-nachher-Beispiele: der direkte Vergleich von Texten räumt Bedenken schnell aus. Weniger Streuverluste und Botschaften, die endlich ankommen. Intern und extern. Jeder liest doch gerne. Und wenn dann die eigene Unternehmenssprache für Mitarbeiter und Kunden auf einmal verständlich klingt, dann ist der erste Schritt getan.

Wie sind Sie bei der Corporate-Language-Entwicklung methodisch vorgegangen?

SJ: Der erste Schritt ist wichtig. Ein sauberes Set-up an Attributen, die zu einem Unternehmen passen. Ein klares Bild des Unternehmens zeichnen, und dieses dann redaktionell aufladen. Das kann der Start sein. Transparenz und Kommunikation nach innen – die Mitarbeiter überzeugen und einbeziehen. Lust auf Schreiben machen – das ist die Kunst.
    Wir haben Workshops angeboten und sind in die einzelnen Bereiche gegangen. *So haben wir sukzessive mögliche Ängste oder »Schreibblockaden« abgebaut.* Dazu einige technische Hilfsmittel und Eselsbrücken. Das Ergebnis ist eine sehr hohe Akzeptanz im Unternehmen.

Welchen Nutzen und welche Vorteile erhoffen Sie sich von einer eigenständigen, durchgängigen Sprache?

SJ: Eine Corporate Language hat viele Vorteile. Immaterielle und materielle. Neben einer höheren Kundenbindung und Mitarbeitermotivation können im Idealfall sogar Agenturkosten, zum Beispiel für Textarbeiten, gespart werden.

Sie haben für den HANNOVER AIRPORT die Direktsprache eingeführt. Wie schaffen Sie es, dass die texterstellenden Mitarbeiter diese auch wirklich anwenden?

SJ: Wir halten das Bewusstsein für das Thema »Sprache« dauerhaft hoch. *Regelmäßiges Feedback an die Autoren ist dabei besonders wichtig.* Viele Textbausteine hinterfragen wir auch und oder entwickeln sie weiter. Corporate Language heißt ja nicht, dass die Dinge nun in Stein gemeißelt sind. Das ist ein dauerhafter und dynamischer Prozess.

Corporate Language
heißt nicht,
dass die Dinge nun
in Stein gemeißelt sind.
Das ist ein dauerhafter und
dynamischer Prozess.

Der HANNOVER AIRPORT ist der größte internationale Flughafen des Landes Niedersachsen. Er nahm im Jahr 2019 mit 6,3 Millionen Passagieren Platz 8 auf der Liste der Verkehrsflughäfen Deutschlands ein. HANNOVER AIRPORT ist Norddeutschlands führender Flughafen im Tourismus-Luftverkehr und bietet nach eigenen Angaben deutschlandweit die meisten Touristik-Direktflüge. Für den Frachtbereich ist der Flughafen ein Drehkreuz von TNT EXPRESS und Deutschlands größter Nachtluftpoststandort.

Raus aus der Floskel-Falle.

Case
KNAPPSCHAFT

Interview mit
Bettina am Orde

»Alle Krankenversicherungen sind doch gleich« – denken wahrscheinlich immer noch die meisten Versicherten. Dass dem nicht so ist, beweist die KNAPPSCHAFT. Sie hat nicht nur eine Alleinstellung in ihrer Positionierung gefunden – sie hat diese auch in eine ganz besondere Sprache gefasst. Wie es dazu kam und wie sie dabei vorgegangen ist, erzählt uns im Interview Geschäftsführerin Bettina am Orde.

Warum braucht eine große Krankenversicherung eine eigene Sprache?

Bettina am Orde: Wenn Sie sich das Feld der gesetzlichen Krankenversicherer in Deutschland anschauen, sehen Sie schnell, dass sich die Angebote sehr ähneln und mit ihnen auch die Sprache. Fast alle Versicherer setzen auf professionelle Auftritte, die Sympathie wecken und Kompetenz vermitteln sollen. Die Botschaften sind dabei allerdings austauschbar.

Die KNAPPSCHAFT ist in der glücklichen Lage, tatsächlich etwas Eigenständiges und Einzigartiges anzubieten: Wir sind die einzige gesetzliche Krankenkasse, die den Schutz der Kranken- und Pflegeversicherung mit einer ganzheitlichen Versorgung kombiniert. In unserem medizinischen Kompetenznetz arbeiten Ärzte, Kliniken, Pflegekräfte, Gesundheits- und Versicherungsfachleute Hand in Hand. Mit individuellem Service auf hohem Leistungsniveau begleiten wir unsere Versicherten so durch alle Lebensbereiche – als verlässlicher Gesundheitspartner auf Augenhöhe. Was liegt näher, als dieses Alleinstellungsmerkmal auch sprachlich erlebbar zu machen?

Inwiefern kann Sprache den Service-Gedanken bzw. die Kundenorientierung unterstützen oder fördern?

BaO: Viele Krankenversicherer sprechen von ihren »Experten«. Die KNAPPSCHAFT hat echte Fachleute für jeden Bereich und lässt diese auch zu Wort kommen – in der Sprache unserer Versicherten. Sprache ist unser wichtigstes Werkzeug, um unsere Leistungen und unsere Werte zu vermitteln. Daher ist es wichtig, so einfach und zielgerichtet wie möglich zu sprechen. Unser Motto dabei ist: Raus aus der Floskel-Falle! Wenn die Versicherten sich in ihrer Sprache wiederfinden, fühlen sie sich auch ansonsten gut aufgehoben.

Wie sind Sie bei der Entwicklung der Brand Language
methodisch vorgegangen?

BaO: Unser ganzheitliches Angebot hat zu der Entscheidung geführt, mit unserer umfassenden »Gesundheitskompetenz« unser Markenprofil zu schärfen. Um es auch sprachlich zu positionieren, haben wir den entsprechenden Rahmen für unsere eigene Brand Language gesetzt – die *»Empfehlungssprache«*. Sie berät nicht von oben herab, sondern sie gibt mir Empfehlungen »für meine Gesundheit«, so wie es sich für einen Gesundheitspartner auf Augenhöhe gehört.

Unsere Brand Language basiert auf einer sprachlichen Konzeption, mit der unsere Werte transportiert werden und die nicht von ungefähr »Knapp-Formel« heißt. Nachdem wir diese Formel festgelegt haben, haben wir ihre Regeln in Mustertexten umgesetzt und das Ganze in einem Leitfaden festgehalten.

Wie schafft es die Brand Language, den Markencharakter der KNAPPSCHAFT
konkret auszudrücken?

BaO: Wir haben mit der »Knapp-Formel« eine Sprachbasis entwickelt, die all das umfasst, was uns ausmacht: Kompetenz, Nähe, Aktivität, Präzision und Popularität. Mit der Formel übersetzen wir diese Attribute in Sprache. *Das Ergebnis ist eine empathische und unterhaltsame Kommunikation,* die es unseren Versicherten leichtmacht, sie zum Handeln animiert und ihnen stets einen Mehrwert bietet.

> Unsere Brand Language basiert auf einer sprachlichen Konzeption, mit der unsere Werte transportiert werden.

Welchen Stellenwert nimmt Sprache in der Zukunft bei der KNAPPSCHAFT ein? Wohin wird sie sich entwickeln?

BaO: Sprache muss noch viel mehr zu einem Identifikationsmerkmal der KNAPPSCHAFT werden. Unsere neue Brand Language ist erst der Anfang. Sie muss von uns allen gelebt werden.

Unsere Versicherten müssen aus all unseren Texten herauslesen oder heraushören können: »Das ist meine KNAPPSCHAFT. Das erkenne ich am menschlichen Tonfall, an der einfachen und direkten Ausdrucksweise und an der Bereitschaft, unaufgefordert zu helfen. Das sehe ich zudem an den vielen Tipps und guten Empfehlungen, die sie mir gibt.«

Die KNAPPSCHAFT zählt mit rund 1,6 Millionen Versicherten zu den größten Krankenkassen in Deutschland. Sie bietet nicht nur den Schutz der gesetzlichen Kranken- und Pflegeversicherung, sondern auch eine ganzheitliche Versorgung: In ihrem medizinischen Kompetenznetz vereint sie eigene niedergelassene Ärzte, Krankenhäuser und Rehakliniken.

Unsere Sprache ist unsere Visitenkarte.

Case
ASEAG
AACHENER STRASSENBAHN
UND ENERGIEVERSORGUNGS-AG

Interview mit
Anne Körfer

Wenn ein Busunternehmen von »Beförderungsfällen« oder »Wetterschutzständen« spricht, dann weiß man, mit wem man es zu tun hat: mit einer Behörde im unangenehmsten Sinne. Bürokratensprache pur. Wenn aber stattdessen von »Fahrgästen« und »Wartehäuschen« gesprochen wird, dann wissen zumindest die Öcher (die Aachener), wer da mit ihnen spricht: ihre ASEAG. Die AACHENER STRASSENBAHN UND ENERGIEVERSORGUNGS-AG hat seit 2019 eine Unternehmenssprache. Obwohl… selbst würde die ASEAG diese niemals so bezeichnen. Schließlich möchte sie nah an den Menschen sein, verständlich, freundlich und zugewandt. Mit ihrer neuen, kundenorientierten Sprache ist die ASEAG diesem Ziel ein großes Stück näher gekommen. Wir sprachen bei der ASEAG mit Anne Körfer, Fachbereichsleiterin Kundenkommunikation und -service.

Warum leistet sich ein städtisches Verkehrsunternehmen eine Corporate Language? Zumal Sie ja keine echten Konkurrenten haben?

Anne Körfer: Das Vertrauen unserer Kunden ist unsere wichtigste Währung. Um es zu bewahren, hilft die richtige Sprache. Denn diese ist unsere Visitenkarte. Sie informiert und berät. Sie motiviert und verbindet. Unsere Überzeugung: Nur mit einer durchgehend einheitlichen und wiedererkennbaren Sprache gewinnen wir auch langfristig das Vertrauen unserer Kunden.

Wie gelingt es einem kommunalen Verkehrsunternehmen, nicht mehr als Behörde wahrgenommen zu werden?

AK: Mit einer Sprache, die verständlich, freundlich und zugewandt ist. *Wir wollen nicht über, sondern mit den Menschen sprechen.* In ihrer Sprache, um ihre Bedürfnisse wahrnehmen zu können.
  Jeder Text entscheidet darüber, wie wir wahrgenommen werden: bürokratisch oder sympathisch, gemocht oder gelitten, nah oder distanziert. Und damit letztendlich auch darüber, ob als Behörde oder als Dienstleister.

Wie schwierig ist es, die Mitarbeiter bei diesem Wandel mitzunehmen? Was tun Sie, damit das gelingen kann?

AK: Es ist schwierig, alle Mitarbeiter in diesem Prozess mitzunehmen. Unser Ziel ist es, die Corporate Language auf unangestrengte Art in die ASEAG zu tragen. Sie darf nicht als Mehrbelastung empfunden werden, sondern soll Spaß machen. Sie darf nicht mit Druck implementiert werden, sondern die *Motivation muss von innen kommen.* Wir wünschen uns, dass die Corporate Language irgendwann tatsächlich von allen Mitarbeitern als etwas Gewinnbringendes angesehen wird.

In welchen Bereichen kommt die neue Sprache zum Einsatz?

AK: Die neue Sprache soll von der ganzen ASEAG gelebt und genutzt werden. Besonders zum Einsatz kommt sie im Dialog mit unseren Fahrgästen und natürlich in Marketing und Unternehmenskommunikation.

Gab es bereits Resonanz auf die neue Sprache der ASEAG? Und wie sah diese aus?

AK: Klar ist: Die neue Sprache der ASEAG erzeugt Resonanz. *Die Mitarbeiter sprechen darüber.* Teils mit großem Interesse, aber auch mit Zweifel an der Notwendigkeit. Für uns ist das ein spannender Prozess. Dass wir auf einem guten Weg sind, zeigen die ersten positiven Reaktionen unserer Fahrgäste, deren Beschwerde mit der neuen Sprache beantwortet wurde. Und auch immer mehr Mitarbeiter erkennen in der täglichen Arbeit, wie gewinnbringend die neue Sprache der ASEAG ist.

Nur mit einer durchgehend einheitlichen und wiedererkennbaren Sprache gewinnen wir auch langfristig das Vertrauen unserer Kunden.

Die AACHENER STRASSENBAHN UND ENERGIEVERSORGUNGS-AG (ASEAG) betreibt den Nahverkehr in Stadt und StädteRegion Aachen. Sie befördert jährlich ca. 66,9 Millionen Fahrgäste auf 72 Linien in einem Gebiet von 520 km². Damit ist sie das größte deutsche Verkehrsunternehmen, das allein auf Busse setzt.

Ein Text ist ja eigentlich

ein schriftlich geführtes Gespräch.

Case
MEDI

Interview mit
Melissa Hobbs

MEDI wurde 1951 in Bayreuth gegründet und gilt heute als einer der führenden Hersteller medizinischer Hilfsmittel. Das Unternehmen liefert mit einem Netzwerk aus Distributeuren sowie eigenen Niederlassungen in über 90 Länder der Welt. Der medizinische Bereich umfasst medizinische Kompressionsstrümpfe, adaptive Kompressionsversorgungen, Bandagen, Orthesen, Thromboseprophylaxestrümpfe, Kompressionsbekleidung und orthopädische Einlagen. Darüber hinaus entwickelt MEDI Sport- und Fashion-Produkte (CEP und ITEM m6), in welche die große Erfahrung in der Kompressionstechnologie miteinfließt.

Für einen Texter ist es meist am einfachsten, wenn er über etwas schreibt, was er selbst gefahren, getragen oder probiert hat. Aber was macht er, wenn es nicht um Autos, Sneakers oder Bier geht? Zum Beispiel um Kompressionsstrümpfe, Wundtherapiekonzepte oder gar Knieorthesen für die Therapie von Gonarthrose? Woher bekommt er die ehrlichen Insights der Zielgruppen, die über das normale Briefing hinausgehen? Woher weiß er, in welcher Tonalität er sie ansprechen darf oder muss? Was unterscheidet einen Text für Allgemeinmediziner von einem Text für Fachärzte? Und was einen Text für den Fachhandel von einem für Patienten? Wie verkürzt man Geschmacksdiskussionen und kommt schneller zum für alle Seiten zufriedenstellenden Ergebnis? Für MEDI war die Antwort auf all diese Fragen die Entwicklung einer Corporate Language. Wir sprachen dazu mit Melissa Hobbs, Unternehmenssprecherin und Leitung Unternehmenskommunikation Medical.

Welche Bedeutung hat Sprache im Bereich der medizinischen Hilfsmittel?

Melissa Hobbs: Sprache hat in jedem Bereich eine enorme Wirkung und Bedeutung. Denn ein Text ist ja eigentlich ein schriftlich geführtes Gespräch mit der jeweiligen Zielgruppe. Und die vertraut in erster Linie einer Marke, die sie versteht und sie bei ihren Bedürfnissen, Wünschen abholt. Oder auch ihre Sorgen ernst nimmt. Gerade im Bereich medizinische Hilfsmittel spielt Vertrauen eine besonders große Rolle. Ein technisch einwandfreies Produkt ist die eine Sache, das ist natürlich die Basis und Voraussetzung für alles. Über die Sprache und die Art der Kommunikation gelingt es jedoch zu vermitteln, wofür ein Unternehmen steht – über sein Produkt hinaus, welche Werte es vermitteln möchte etc. *Die Markenpersönlichkeit* hinter dem Hilfsmittel-Hersteller *wird greifbarer, erlebbarer*.

Wie lässt sich ein Markenwert wie »nah« in Sprache umsetzen?

MH: Wir sind so vorgegangen, dass wir uns im ersten Schritt vorgestellt haben, MEDI wäre eine Person. Das klingt zunächst seltsam, ist aber ein sehr wertvoller Schritt innerhalb des CL-Prozesses. Denn wenn ein Text ein schriftlich geführtes Gespräch ist, dann ist eine Marke praktisch der Gesprächspartner. Wie stellen wir uns also eine Person vor, die besonders nah beim Menschen ist? Was macht sie aus? Wie verhält sie sich? All das haben wir zu einer Personenbeschreibung zusammengefasst – daraus entstand die Tonalität, in der wir als Marke mit unseren Zielgruppen sprechen. Besonders nah zu kommunizieren bedeutet in erster Linie auf Augenhöhe mit der Zielgruppe zu kommunizieren. Es gilt also, die Insights der unterschiedlichen »Lesergruppen« genau zu kennen. Nur wenn ich weiß, was meine Zielgruppe erwartet, kann ich diesen Erwartungen gerecht werden und gezielt ansprechen.

Wenn die Hausaufgaben in Sachen »Insights-Analyse« gemacht sind, heißt es, einen Markenwert wie »nah« in die sprachliche Umsetzung zu überführen. Ein nahbarer Text baut Vertrauen auf, unterstreicht die Partnerschaft, beispielsweise bei Fachzielgruppen, klärt auf und schafft Emotionen – zum Beispiel in der Kommunikation mit Endverbrauchern.

Und es gibt auch ein paar ganz einfache Methoden, besonders nah zu kommunizieren, zum Beispiel indem man bei einem Mailing mit einer Frage einsteigt, in Richtung: »Fragen Sie sich manchmal, warum Ihre Beine nach einem langen Tag anschwellen und schmerzen?« *Nähe bedeutet: »Ich verstehe dich.«* ... das muss ein Text mit glaubwürdigen, kompetenten Inhalten und eben mit der richtigen Markentonalität signalisieren. Aus diesen Aspekten haben wir schließlich konkrete Formulierungshilfen abgeleitet, die internen und externen Textern als Leitplanken dienen sollen.

Wie lief der Prozess der CL-Entwicklung ab?

MH: Der Prozess war langwierig, keine Frage. Denn es ist viel Basisarbeit zu leisten. Welche Markenwerte haben wir? Welche Kundenbedürfnisse möchten wir mit unseren Texten ansprechen? Um welche Zielgruppen geht es? Wie kommuniziert der Wettbewerb? Wo können wir uns mit Hilfe unserer Markenwerte differenzieren? Und so weiter und so fort. Der Prozess dauerte rund zwei Jahre, bis das finale Corporate Language Manual in unseren Händen lag. Und dann ist man schon wieder so weit, dass man es weiterentwickeln möchte – und auch muss, *die CL ist ein fortlaufender Prozess.*

Durch neue Produkte oder Therapiekonzepte kommen vielleicht auch neue Zielgruppen hinzu. *Wichtig ist, dass man alle ins Boot nimmt* und auch an interne Schnittstellen über das Marketing oder die Kommunikation hinaus denkt. Wir involvierten auch unser Kundencenter und HR – alle Abteilungen, die Tag für Tag sehr viel kommunizieren. Denn Corporate Language geht über Broschüren oder Homepages hinaus, auch Antwortschreiben an Bewerber, Kundenbriefe oder Reklamationsbearbeitungen gehören dazu.

Ich kann einem Bewerber standardmäßig absagen. Ich kann es aber auch besonders empathisch tun, sodass er sich vielleicht zu einem späteren Zeitpunkt erneut bewirbt, weil er das Unternehmen oder die Marke positiv in Erinnerung behält.

Wie übertragen Sie die generelle MEDI-Sprache in so unterschiedliche Geschäftsbereiche wie Orthopädie oder Compression?

MH: Die Markenwerte und die Grund-Tonalität, in der MEDI mit seinen Zielgruppen sprechen möchte, sind immer gleich. Nur die Inhalte unterscheiden sich nach Geschäftsbereichen und Zielgruppen.

Unterscheiden muss man dann auch eher in der Art des Textes. Beispielsweise sind in der Arztkommunikation Fakten, schnell erfassbare Bulletpoints oder Studienverweise wichtig. Während in der Endverbraucher-Kommunikation umfassende Fließtext-Hintergrundinfos zu bestimmten Indikationen eine Rolle spielen. Unser CL-Manual beinhaltet Textbeispiele und »Mustertexte« für alle Geschäftsbereiche, sodass auch neue Mitarbeiter sich schnell einlesen und ein Gefühl für unsere Tonalität entwickeln können.

Wie beurteilen Sie rückblickend die Zeit vor und nach Einführung der CL? Welche eventuellen Widerstände gab es zu überwinden und wie haben Sie es geschafft?

MH: Davor lief es häufig so: Eine Agentur erstellte im Rahmen einer Kampagne Texte für MEDI. Beim Lesen kam dann häufig das Gefühl auf »Das klingt irgendwie nicht wie MEDI, da müssen wir nochmal ran.« Wenn eine Agentur dann zu Recht fragte: »*Wie klingt denn MEDI?*« Dann fiel die detaillierte Antwort oft schwer. Jetzt bietet unser CL-Manual die Erklärung, denn jeder, der für MEDI schreibt, ob intern oder extern, kann sich umfassend einlesen – in unsere Zielgruppen, in deren Insights, in unsere Werte und unsere Tonalität. Das ist eine enorme Erleichterung für alle, die schreiben. Und es vereinfacht auch Korrekturprozesse. Natürlich gab es zu Beginn auch Widerstände, doch in gemeinsamen Workshops konnten wir immer mehr verdeutlichen, welch enormen Effekt Sprache haben kann und dass selbst Feinheiten eine große Rolle spielen. So waren am Ende alle überzeugt von dem Projekt, sodass unsere Corporate Language heute zum festen Standard zählt, zusammen mit Corporate Design, Corporate Picture World oder unseren Corporate Video Guidelines.

Wir haben uns für eine bürgernahe Sprache entschieden.

Case

GASNETZ HAMBURG

Interview mit
Christiane Frilling

Case
GASNETZ HAMBURG **147**

2013 haben die Hamburger entschieden, dass ihre Gasversorgung wieder der Stadt gehören soll. 2018 entstand die GASNETZ HAMBURG GMBH. Eine zusätzliche öffentliche Verwaltung? Mit klassischem Behördenton? Weit gefehlt! Von Anfang an war klar: Hier entsteht ein frisches, neues Unternehmen, das trotz 175-jähriger Geschichte so manche Start-up-Tugend pflegt. Unbürokratisch, bürgernah, freundlich. F-r-e-u-n-d-l-i-c-h ?? Christiane Frilling, Leitung Unternehmensentwicklung und Kommunikation bei der GASNETZ HAMBURG GMBH, erzählt uns im Interview, welche Rolle dabei die Sprache spielt.

Warum braucht ein GASNETZ eine eigene Sprache?

Christiane Frilling: GASNETZ HAMBURG wurde erst Anfang 2018 wieder ein städtisches Unternehmen. Hamburgs Bürger haben bei einem Volksentscheid für den Rückkauf der Energienetze gestimmt und damit ein großes Interesse an den Energie-Infrastrukturen ihrer Stadt bewiesen. *Als Unternehmen in öffentlicher Hand sind Transparenz und Dialog für uns ein wichtiges Ziel.* Es zu erreichen erfordert, Dialoge offen, verständlich und sympathisch zu gestalten. Sprachleitlinien helfen, dieses Ziel zu erreichen und darüber hinaus dem Unternehmen in der öffentlichen Wahrnehmung ein unverwechselbares Profil zu geben.

Warum will ein städtischer Versorger heute wie der freundliche Nachbar klingen?

CF: Oft stehen einer offenen und sympathischen Kommunikation mit Kunden und Partnern Texte im Wege, die für Laien unverständlich sind. Es sind oft Formulierungen und Abkürzungen aus dem fachlichen Sprachschatz von Ingenieuren und Technikern, aber auch von Juristen und Kaufleuten, die ungefiltert in einem Kundenanschreiben landen. Beim Empfänger lösen sie Missverständnisse und Ablehnung aus. Das hat wirtschaftliche Folgen, aber viel entscheidender ist, dass GASNETZ HAMBURG ja mit dem Volksentscheid ein Mandat der Bürger hat. Die Akzeptanz und Zustimmung der Kunden erreichen wir nur, wenn sie uns verstehen.

Wie schwierig ist es, die Mitarbeiter bei diesem Wandel mitzunehmen?

CF: Wenn die verbindlichen Sprachrichtlinien vorliegen, dann geht die eigentliche Arbeit erst los. Denn es gilt, eine Akzeptanz und ein Bewusstsein für den Umgang mit der Unternehmenssprache zu etablieren und aus der Theorie ins tägliche Handeln zu kommen. *Wir haben uns für eine sehr bürgernahe Sprache entschieden,* die mit vielen regionalen Elementen auch Heimatverbundenheit ausdrückt. Deren sympathischer Ton wirkt auch auf die Kollegen, die bei uns im Hause Texte schreiben. *So wird der Wandel auch Spaß machen, auch wenn wir sicherlich viele Diskussionen führen werden.* Traditionalisten haben Kundenanschreiben schon immer in bestimmter Weise geschrieben. Techniker misstrauen erfahrungsgemäß der Präzision der Alltagssprache. Und bei Juristen rechnen wir ebenfalls mit Widerständen, da sie ja gerne Verordnungen und Gesetze in Originalformulierungen wiedergeben möchten, weil das auch absichert. Aber auch für sie haben wir bei unserer Arbeit mit Informationskästen, die vom Fließtext abgekoppelt sind, eine gute Lösung gefunden. Um die Unternehmenssprache erfolgreich einzuführen, brauchen wir die Akzeptanz und Zustimmung aller Schreibenden.

In welchen Bereichen kommt die neue Sprache zum Einsatz und welche Veränderungen erhoffen Sie sich davon?

CF: Die neuen Sprachrichtlinien werden in nahezu allen Bereichen der internen und externen Kommunikation eingesetzt, denn die Sprache prägt das Denken der Mitarbeiter und damit die Unternehmenskultur. Ausnahmen bilden sicherlich fachlich eingeweihte Kreise, in denen es um technologische oder wirtschaftliche Feinheiten geht. Hier begegnen sich Experten auf Augenhöhe. Aber gerade die Augenhöhe muss der Maßstab sämtlicher Kommunikation sein. *Wer Haushalte anschreibt, sollte alle Empfänger im Blick haben.*

Eine gute Unternehmenssprache wirkt stets integrierend, weil sie sich an gesprochener Alltagssprache orientiert. Dokumente und Websites anderer Marktteilnehmer zeigen deutlich, dass eine *sympathische, verständliche Unternehmenssprache als Alleinstellungsmerkmal* wirken kann. Unsere Erwartung ist entsprechend hoch.

Wir wollen uns als freundlicher Partner im öffentlichen Bewusstsein verankern, dessen Werte wie »gemeinsam, lösungsorientiert, nachhaltig und mit Sicherheit als Fundament« weit mehr als ein Werbeversprechen sind. Die Unternehmenssprache soll zugleich nach innen wirken und das sprachliche Handeln im Sinne der Werte auch im Arbeitsalltag verankern.

Die Sprache der Gesellschaft ist im Wandel. Welche Kanäle sind für Sie schon heute interessant und welche, glauben Sie, werden zukünftig eine Rolle spielen (zum Beispiel Blogs, Casts, Sprachassistenten)?

CF: Wir beobachten die Entwicklung sehr aufmerksam. Einerseits haben die sozialen Medien dazu beigetragen, dass heute wieder massenhaft geschrieben wird. Die Erfolgsgeschichten von WHATSAPP und FACEBOOK sind dafür die besten Beispiele. Andererseits sehen wir auch sprachgesteuerte Systeme auf dem Vormarsch. Für beide Entwicklungen gilt: Kurze Dialoge führen zum Ziel. Einfache, klare Sätze stehen im Mittelpunkt. Für uns bedeutet das, unsere Kommunikationswege an solchen Gewohnheiten auszurichten. Ob dahinter Künstliche Intelligenz im Einsatz ist oder Kundenbetreuer Fragen beantworten, spielt gerade für junge Verbraucher eine immer kleinere Rolle. Daher werden wir die technischen Möglichkeiten so einsetzen, dass jeder Kunde bei uns seinen Informationsweg findet – und das ist außer Brief und Telefon natürlich immer mehr ein digitaler Kanal. Die Sprache, über die wir wahrgenommen werden, muss natürlich über alle Kanäle hinweg ähnlich sein.

Die GASNETZ HAMBURG GMBH ist ein hundertprozentiges Unternehmen der Stadt und betreibt das Erdgasnetz in der Freien und Hansestadt Hamburg mit circa 7.900 Kilometern Länge, rund 160.000 Hausanschlüssen und fast 230.000 Netzkunden. Rund 500 Mitarbeiter sorgen 365 Tage rund um die Uhr für einen zuverlässigen und sicheren Betrieb des Hamburger Gasnetzes.

Die Lesegewohnheiten haben sich ganz klar geändert.

Case
LEXWARE

Interview mit
Jörg Frey

Wer nach »Kreative B2B-Kampagnen« oder den Siegern von »BoB«, »B2B-Effie« oder »GWA Profi« googelt, der stößt unweigerlich auf LEXWARE. Seit rund 13 Jahren räumt der Freiburger Hersteller von Business-Software bei den Effizienz-Awards kräftig ab. Die Begründung der Jury ist immer die gleiche: »LEXWARE hat durch seine wiedererkennbare, ungewöhnliche Sprache die eigene Marke profiliert und sich damit vom Wettbewerb differenziert.« Und was sagt Jörg Frey, verantwortlicher Geschäftsführer der HAUFE-LEXWARE GMBH & CO. KG dazu? Nichts. Er war noch nie auf einer Preisverleihung. Er hält es mit Udo Lindenberg: »Preiselbeeren interessieren mich nicht.« Was ihn stattdessen interessiert: Wie sich die Digitale Transformation auf die Kommunikation von LEXWARE auswirkt, was das für eine Corporate Language bedeutet und dass sich das letztlich in messbaren Ergebnissen niederschlägt.

LEXWARE hat bereits seit 13 Jahren eine Corporate Language. Ist sie unverändert im Einsatz oder hat sie sich seitdem geändert?

Jörg Frey: Sprache verändert sich. Deshalb unterziehen wir auch unsere Corporate Language regelmäßigen Reviews. Und wenn wir merken, dass es gravierende Veränderungen in der Sprache unserer Kunden gibt, passen wir auch unsere Sprache an. Natürlich bleibt sie dabei immer unseren Markenwerten treu. Die haben sich in den letzten 13 Jahren nicht geändert. Aber unsere Sprache richtet sich aus auf die sprachlichen Gewohnheiten neuer Zielgruppen, auf veränderte Märkte und vor allem auf neue Medien.

Das kann bedeuten, dass wir verstaubte Begriffe wie zum Beispiel »Buchhaltung« versuchen auszutauschen. Oder Claims wechseln, weil es eine neue Kampagne so erfordert. Auch die Frage »du oder Sie« stellt sich immer wieder. Und natürlich deutsche oder englische Begriffe, mehr oder weniger Umgangssprache. Heutige Start-ups sprechen zum Beispiel komplett anders als die »Gründerszene« der Nuller-Jahre.

Wie wirkt sich die Digitale Transformation auf die LEXWARE-Sprache aus?

JF: Die Lesegewohnheiten haben sich ganz klar geändert. Geht es um reines »Informationslesen«, dann lesen wir »digital«: alles muss schnell erfassbar sein, Keywords müssen sofort ins Auge springen, die Nutzen-Story muss sich mir sofort erschließen. Ein »das löst sich irgendwann im Text noch auf« wird heute nicht mehr akzeptiert. Auf der anderen Seite gibt es das »Erlebnislesen«. Sonntagvormittags auf der Couch mit einem Cappuccino in der Hand. Entspanntes Lesen wie früher. Nur heute auf dem Pad. Da sind längere, gut recherchierte Texte plötzlich wieder en vogue. Unsere längeren Online-Advertorial-Texte werden zum Beispiel überraschend intensiv gelesen. Zurzeit erfahren wir auch eine Renaissance von Audio / Voice.
 SPOTIFY ist ein faszinierendes, extrem schnell wachsendes Medium. Unsere »Flopcasts« erfreuen sich dort großer Beliebtheit. Und im Bereich CRM hält KI Einzug. Es bleibt spannend.

Wie tief reicht inzwischen die Markensprache bei LEXWARE?

JF: Immer tiefer. Aber immer noch nicht tief genug. Wir entdecken immer noch Bereiche, die wir sprachlich bisher nicht auf den Prüfstand gestellt haben. Denken Sie nur an Produkterklärungen oder Installierungs-Leitfäden. Oder an den ganzen Bereich Standardkommunikation. Vieles ist da noch aus den 70er-Jahren. Zumindest liest es sich so. Damit erreichen wir heute keinen Menschen mehr! Wenn der Kunde hier sauer wird, weil er es nicht versteht, dann riskieren wir wieder einzureißen, was wir in der Kommunikation mühsam aufgebaut haben.

Gibt es einen internen Onboarding-Prozess für die LEXWARE-Sprache?

JF: Ja, und er wird von allen bei uns sehr gerne angenommen. Neue Mitarbeiter werden gleich am Anfang auf unsere Sprache geschult. Durch intensive Schreib-Workshops, durch Learning on the Job. Dabei ist wichtig: Unsere Sprache gilt nicht nur nach außen. Wir schreiben und sprechen so auch intern. Denn nur so kann es funktionieren. Jede kleinste interne E-Mail ist in der LEXWARE-Sprache geschrieben.

Uns interessieren natürlich Ergebnisse. Was hat die LEXWARE-Sprache bewirkt?

JF: Heute haben wir über eine Million Kunden. Unser aktueller Marktanteil im Bereich kaufmännische Software liegt laut GFK bei 95,3 %. Das bedeutendste Ergebnis ist aber: Früher fanden die Besucher unsere Website fast ausschließlich durch die Sucheingabe von »Buchhaltung« oder »Buchhaltungs-Software« zu uns. Heute geben sie »LEXWARE« ein. Das haben im B2B-Bereich eher wenige Marken geschafft.

Ein Grund ist sicher die über die Jahre stetig gestiegenen Sympathiewerte von LEXWARE. Und diese wiederum kommen nachweislich auch durch die Sprache, die wir verwenden. *Unsere Kunden erleben an unserer verständlichen Sprache bereits, wie einfach unser Produkt ist.* Sie sagt in jeder Zeile: Vergiss alles, was du von der klassischen, langweiligen Buchhaltung gehört hast. Probier' uns aus! Wir sind anders! Mehr kann man doch von seiner Sprache nicht erwarten.

LEXWARE ist ein deutscher Hersteller von Business-Software aus Freiburg im Breisgau. Er ist seit 1993 eine Sparte der HAUFE-GRUPPE. Der Schwerpunkt liegt in kaufmännischer Software für Selbstständige, Freiberufler sowie kleine und mittelständische Unternehmen. Die aktuelle Dachmarken-Kampagne »Now or never« soll die Zielgruppen motivieren den digitalen Wandel als Chance zu sehen. Eine automatisierte Buchhaltung ist dabei nur der erste Schritt.

Die Unternehmenssprache

transportiert die DNA der Unternehmenskultur.

Case

LUFTHANSA CARGO

Interview mit
Bettina Petzold

Bettina Petzold ist Global Head of Marketing der LUFTHANSA CARGO AG. Sie weiß genau, welchen Stellenwert die Sprache für ein Unternehmen hat. Darum war für sie klar: »Damit jeder die Unternehmensziele versteht, muss sich eine Kultur von Sprache entwickeln.« Das ist ihr Beweggrund für eine Corporate Language.

Was ist Ihre Erwartungshaltung an eine Unternehmenssprache?

Bettina Petzold: Ein Unternehmen besteht aus einer gemeinsamen Idee und einem gemeinsamen Ziel. In der Tat glaube ich, dass man sich nur über einen Unternehmenszweck, über eine Haltung und über Ziele einigen kann, wenn man die gleiche Sprache spricht. Durch Bilder und Filme wird alles noch weiter emotionalisiert, aber die Basis ist Sprache. *Und damit jeder diese Unternehmensziele versteht, muss sich eine Kultur von Sprache entwickeln.*

Wie sollte die Unternehmenssprache an die Mitarbeiter herangeführt werden?

BP: Man kann nicht nach außen ein Motto verbreiten »Wir sind super innovativ« und im Innern traditionell agieren. *Das Unternehmen muss von innen nach außen kommunizieren.* Das ist eine große Führungsaufgabe und ein Grund, sich auch ganz oben mit Sprache zu beschäftigen. Diese Haltung eines Unternehmens muss von den Mitarbeitern tagtäglich gelebt werden. Die Unternehmenssprache transportiert die DNA der Unternehmenskultur.

Wie drückt sich die Unternehmenskultur in der Unternehmenssprache aus?

BP: LUFTHANSA CARGO ist ein bodenständiges Unternehmen, welches aus der Produktion herauskommt. Natürlich entwickeln auch wir uns von einem Produktionsunternehmen zu einem Dienstleistungs- und digitalen Unternehmen. Und damit geht auch ein Wandel der Sprache einher. Unsere Bodenständigkeit wird aber bleiben. *Wir sprechen eine ungestelzte, klare und offene Sprache.* Manchmal kantig, aber diese Sprache hält mit Meinungen nicht zurück und sie verklausuliert nichts. *Sprache und Kultur hängen da ganz eng zusammen.* Ich glaube, das haben die Leute hier gerne und deswegen besteht eine sehr große Loyalität bei unseren Mitarbeitern.

Inwiefern muss eine Unternehmenssprache dem Zeitgeist Rechnung tragen?

BP: Die Sprache, die wir bis vor Kurzem noch eingesetzt haben, versteht heute keiner mehr. Sprache wie sie sogar noch vor fünf Jahren üblich war, trägt uns nicht mehr weiter in die Zukunft. Sie muss sich vielmehr an die Schnelllebigkeit der Themen anpassen. Produktlebenszyklen werden kürzer. Unser Markt ist viel kürzeren Amplituden unterworfen. Die Medien verändern sich kontinuierlich. Da braucht es eine Basis, die in der Lage ist, sich unterschiedlichen Bedarfen anzupassen. Was wir früher auf Papier kommuniziert haben, wurde digital. Und künftig werden wir wieder andere Medien vor der Nase haben. Stichwort Voice Recognition. Schon Kinder nutzen heute lieber ALEXA als ein iPad.

Das Unternehmen muss von innen nach außen kommunizieren.

Wie lässt sich der Markencharakter sprachlich auf den Punkt bringen?

BP: Als Premiummarke stehen Qualität und Sicherheit im Mittelpunkt. Und zwar weltweit. Dies kann ich aber nur vermitteln, wenn ich weltweit auch konsistent kommuniziere – über alle Kanäle hinweg. Das schafft *Vertrauen. Vertrautheit, Verbundenheit, Loyalität entstehen aus einer intimen Beziehung.* Dazu bedarf es einer menschlichen und persönlichen Kommunikation. Einer, die die Medien effizient nutzt, transparent ist, kurz und knackig informiert und dabei voller Emotionen steckt.

LUFTHANSA CARGO (kurz LCAG) ist eine deutsche Frachtfluggesellschaft mit Sitz in Frankfurt am Main und Basis auf dem Flughafen Frankfurt am Main. Sie ist eine 100%ige Tochtergesellschaft der LUFTHANSA und im Jahr 2012 in Bezug auf die Tonnenkilometer die sechstgrößte Frachtfluggesellschaft der Welt.

Es musste gar nicht viel Überzeugungsarbeit geleistet werden.

Case
MATRIX42

Interview mit
Gisela Dauer

Dem Ingenieur ist nichts zu schwör ... außer zu schreiben. Das gilt erst recht für den typischen ITler. Dass es auch anders geht, zeigt das Beispiel MATRIX 42. Das Frankfurter Unternehmen ist einer der führenden Anbieter von Software für das digitale Arbeitsplatzmanagement. MATRIX 42 wurde gegründet, um ein Gegengewicht zu setzen gegen das Establishment, gegen Sperrigkeit und Komplexität, gegen den Status quo. In der DNA von MATRIX 42 steckt daher das Aufbegehren gegen das Herkömmliche, Konventionelle und Unhinterfragte. Nicht von ungefähr wurde der Name MATRIX 42 aus zwei Kultklassikern gebildet, die diese Thematik beinhalten. MATRIX steht für die Rebellion gegen das vorherrschende System. 42 ist das in IT-Kreisen allbekannte Zitat aus Douglas Adams' »Per Anhalter durch die Galaxis« als ultimative Antwort auf alle Fragen. Das Ziel der Corporate Language: Diese Haltung sollte sich ab jetzt auch in der Sprache widerspiegeln. Das Gespräch führten wir mit Gisela Dauer, Senior Communications Managerin bei MATRIX 42.

Was war der Auslöser für die CL-Entwicklung? Wie lief das Texten vorher?

Gisela Dauer: Bei MATRIX 42 schreiben unterschiedliche Leute zu unterschiedlichen Themen. Es gibt technische Paper, die das Produktmanagement erstellt, das Marketing kümmert sich um VKF-Materialien, es gehen Pressemitteilungen raus, der Vertrieb hält Präsentationen. Natürlich versenden wir auch Verträge, reagieren schriftlich auf Beschwerden oder werben und präsentieren auf Messen. Bei all dem »Output« haben wir festgestellt, dass unsere Texte in Länge, Wortwahl und Ausdruck einfach zu unterschiedlich sind. Das liefert ein uneinheitliches Bild nach außen und zahlt nicht auf die Marke ein.

ITler haben ja ihre ganz eigene Sprache. Wie schwierig ist es, einen ITler davon zu überzeugen, dass er nicht nur aus der Sicht der Technik, sondern auch aus der der Kunden schreibt?

GD: Ich denke, ich weiß, wie die Frage gemeint ist. Am Ende des Tages sind alle MATRIX 42-Mitarbeiter »ITler«, denn wir arbeiten alle in einem Software-Unternehmen. Aber es ist etwas dran: *Unsere Texte enthielten schon viel Fachchinesisch.* Es musste allerdings gar nicht so viel Überzeugungsarbeit bei denen geleistet werden, die schreiben. Spätestens nach der Präsentation von vielen verbesserungswürdigen MATRIX 42-Texten, Vorschlägen und Beispielen zur Verbesserung waren wir alle offen für Veränderung.

Gab es Widerstände bei der Entwicklung? Wie haben Sie diese ausgeräumt?

GD: Zum Glück haben bei uns von Anfang an alle betroffenen Abteilungen mitgemacht. Es wurde jeweils mindestens eine Person als Botschafter bestimmt, der das Thema lebt, ins Team trägt, Ansprechpartner für Rückfragen ist. Widerstände, sofern man das so nennen kann, gibt es eher in der Umsetzung, denn nicht jeder ist ein Texter. Außerdem ist es generell sehr schwer, den eigenen Stil, der jahrelang auch so akzeptiert wurde, der nun verabschiedeten Corporate Language anzupassen. Die größte Herausforderung liegt sicherlich darin, die Corporate Language weiter ins Unternehmen zu tragen und täglich an der Umsetzung zu arbeiten.

Wie lief der Prozess der CL-Entwicklung? Welche Bereiche waren beteiligt?

GD: Wichtig für den Erfolg einer CL ist, dass man von Anfang an jeden Bereich mitnimmt. Bei uns waren das: Customer Service, Inside Sales, Marketing, Academy, Product Management, Product Marketing, freie Autoren, ein Technical Writer, PreSales und HR. Der Prozess lief gut. Dafür, dass so viele Bereiche involviert waren, gab es erstaunlich wenige Verzögerungen beim Einreichen oder Freigeben von Mustertexten.

Was erhoffen Sie sich für Veränderungen nach der Einführung Ihrer CL?

GD: *Moderne, ansprechende Texte, die mit unseren Kunden, Partnern und Interessenten in den Dialog gehen.* Wiedererkennung am Markt auch durch unsere Corporate Language. Führung und Arbeitserleichterung für alle, die Texte schreiben – und wenn es nur Zeiteinsparung bei den Korrekturläufen ist. Noch mehr Spaß an der Arbeit!

Die MATRIX 42 AG hat ihren Hauptsitz in Frankfurt am Main und vertreibt und implementiert weltweit Software-Lösungen mit lokalen und globalen Partnern. Die Lösungen von MATRIX 42 unterstützen seit 25 Jahren Organisationen dabei, die Arbeitsumgebung ihrer Mitarbeiter zu digitalisieren. Der Auftrag: IT einfacher, effizienter und sicherer zu machen. Das Unternehmen liefert und verwaltet dazu zukunftsorientierte digitale Selfservice-Workspaces, die den Anforderungen der mobilen Mitarbeiter von heute gerecht werden. MATRIX 42 wird vom Analysten GARTNER als innovativer, visionärer Anbieter eingestuft. Das zeigt sich seit 2019 auch in der neuen Markensprache.

Sprache ist Service

für den Kunden.

Case
POSTBANK

Interview mit
Regine Raabe
und **Wiltrud Sann**

Wenn eine Bank ein Team »Verständliche Kommunikation« hat, dann will uns das etwas sagen. Zum Beispiel, dass sie das Thema Sprache wirklich ernst nimmt. So wie bei der POSTBANK. Hier beschränkt man sich nicht darauf, das Thema theoretisch in einem Leitfaden abzuhandeln – es wird aktiv, durch eine interne Kampagne, in die Mitarbeiterschaft getragen. Und das auf höchst auffällige und humorvolle Weise. Das Ziel: Jeder Mitarbeiter lernt »auf den Punkt zu kommen«. Also verständlicher und kundenfreundlicher zu schreiben. Wie es der POSTBANK dadurch gelingt, in den Zeiten von Minuszinsen bei seinen Kunden Pluspunkte zu sammeln, verraten uns Regine Raabe und Wiltrud Sann, Spezialistinnen Kommunikation.

Warum ist es heute für eine Bank wichtig, mit ihren Kunden verständlich zu kommunizieren?

Regine Raabe: Konten, Kredite und andere Produkte unterscheiden sich bei den unterschiedlichen Banken aus Kundensicht nur wenig. Vom Mitbewerber abheben kann sich eine Bank vor allem durch den Service, den sie bietet. *Das komplexe Thema »Finanzen« durch verständliche Sprache zugänglich und überschaubar zu machen, ist ein Service für den Kunden.* Unsere Produkte sind einfach und klar – unsere Kommunikation soll es ebenso sein.

Hinzu kommt: Sprache ändert sich – zum Beispiel durch die Anpassung an digitale Lesegewohnheiten. Auch die Lesekompetenz deutscher Erwachsener hat sich verändert. Sie ist schwächer geworden, wie Studien belegen. Mit Verständlichkeit erreichen wir jeden Kunden.

Und für alle Zielgruppen gilt: Verständliche Sprache schafft Nähe und stellt die Kommunizierenden auf Augenhöhe. Auch dafür steht unsere Marke. *Außerdem sparen klare Worte Zeit und Kosten* – übrigens auch intern. Seit wir verständlich schreiben, haben wir weniger Ping-pong-Effekt beim E-Mail-Austausch.

Wie sind Sie bei der Implementierung der »Verständlichen Sprache« strategisch vorgegangen?

Wiltrud Sann: Wir haben uns folgende Fragen gestellt: Wo liegen die größten Schwächen in unserer Kommunikation zum Kunden? Und wo setzen wir an, damit unsere Kunden schnell eine Verbesserung spüren? Nachdem wir Verständlichkeit und Kundenorientierung unserer Texte gemessen hatten, hieß es abzuwägen: Was können wir mit unseren Ressourcen schaffen? So ist eine Strategie mit zwei Säulen entstanden: *Wir wollten schnell sichtbare Erfolge erzielen und die Kommunikation nachhaltig verbessern.*

Schnell sichtbar war die Verbesserung von Briefen oder E-Mail-Bausteinen mit hoher Auflage. Damit sprechen wir jährlich Tausende oder gar Millionen Kunden an. Zunächst bekamen 500 solcher Texte und Bausteine einen neuen Schliff. Danach widmeten wir uns der individuelleren Kommunikation, unter anderem den Antworten auf Beschwerden. So haben wir Zug um Zug eine breite Basis guter Vorlagen geschaffen.

Bei uns wird an vielen Stellen getextet. Da waren Standards für die Verständlichkeit unerlässlich, damit Kommunikation gut werden konnte und gut bleibt: In unserem »Leitfaden Schriftverkehr« oder auch in unserem Handbuch zur Bearbeitung von Beschwerden steht zum Beispiel, dass »kurze Sätze bei uns Vorrang haben und wir uns von bürokratischen Begriffen trennen«. Das ist für alle verbindlich.

Diese Standards liegen nicht ungenutzt auf dem Laufwerk. Sie sind auch in der Verständlichkeits-Software integriert, die wir einsetzen. Mit ihr messen die Mitarbeiter die Verständlichkeit ihrer Texte und erhalten Tipps zum Verbessern. Zuvor lernen sie, wie man verständlich schreibt. Dafür haben wir Schulungen entwickelt: zweitägige Basis- und Aufbau-Seminare, 90-minütige Impulse und auch einen Online-Lernclip. Aktuell arbeiten wir an einer Webinar-Reihe. Im Vordergrund steht immer: Bewusstsein schaffen und Verständlichkeit üben.

Welche kommunikativen Maßnahmen haben Sie eingesetzt?

RR: Wer verständliche Sprache vermitteln möchte, bekommt schnell das Etikett des pingeligen Deutschlehrers. Am Anfang haftete das auch unseren kommunikativen Maßnahmen an: den Beiträgen in unserer Mitarbeiterzeitung und im Intranet, unseren Plakaten, Vorträgen oder Schulungen und auch unserem Film zur Verständlichkeit. Daher haben wir unserer Verständlichkeits-Initiative und allen Maßnahmen ein »Facelift« verpasst. Jetzt gehen wir ganz anders auf unsere Mitarbeiter zu: *Statt nüchtern oder gar mit erhobenem Zeigefinger agieren wir intern mit Humor und Augenzwinkern.*

Fürs verständliche Schreiben ist die Kundensicht entscheidend. Die nehmen wir schon bei unserer Botschaft ein: »Komma auf'n Punkt« heißt unser Motto. Ein Satz, der auch vom Kunden kommen könnte. Der Kunde bzw. Leser ist es auch, der in unseren Sprachregeln zu unseren Mitarbeitern spricht: In der Du-Form. Das klingt dann so: »Du sprichst meine Sprache« oder »Du räumst für mich auf«. Passend zu diesen Regeln haben wir humorvolle Bilder gesucht. Zum Beispiel zeigt das Motiv zur Regel »Du bist so schön knapp« zwei am Konferenztisch eingeschlafene Männer. Das ist ein Hingucker. Und zugleich wird die Botschaft dahinter sofort klar.

Jetzt tauchen das »Komma auf'n Punkt«-Signet, die Bilder und unsere Sprachregeln an vielen Stellen auf: im TV in unserer Business Lounge, im Lernclip, in Vorträgen, in Schulungen und im Intranet. In Büros hängen »Komma auf'n Punkt«-Plakate, auf Seminar-Tischen liegen Notizbücher mit unseren Regeln. »Gebrandeter« Traubenzucker in Weckgläsern verschafft Teilnehmern neue Schreib-Energie.

Die besten Multiplikatoren sind natürlich unsere sprachlich interessierten Mitarbeiter: An wichtigen Schnittstellen zum Kunden werfen »Text-Champions« ein Auge auf die Verständlichkeit. Mit sprachlichem Know-how ausgestattet erarbeiten sie gute Vorlagen für ihre Abteilung. Und sie beraten ihre Kollegen und geben Feedback. *So ist unser »Fan-Club« inzwischen auf mehrere hundert Mitarbeiter angewachsen.* Sie alle setzen sich für eine verständliche POSTBANK ein.

Gab es eventuell intern Skepsis und wie sind Sie dieser begegnet?

WS: Ja. Und da ist dann Geduld gefragt. *Einige Kollegen haben 20 Jahre im Bürokratie-Stil geschrieben. Da gehören Passivsätze und Floskeln einfach dazu.* Und nun sollen die Formulierungen alle anders sein – und dann ist auch noch die Perspektive des Kunden einzunehmen? Viele haben die neue, modernere Schreibe sofort begrüßt. Und manche Auseinandersetzung mit den Juristen beispielsweise müssen wir einfach als verloren akzeptieren. Hilfreich ist immer, alternative Formulierungen vorzuschlagen. Also zu zeigen, wie es anders klingen könnte. Meist wirkt das schon allein – ohne weiteres Argumentieren. Sehr gut ist auch, dass unsere Kommunikationslinie humorvoll ist. Das baut Spannungen ab.

Übrigens sinkt die Zahl der Skeptiker von Jahr zu Jahr. Denn *Verständlichkeit steckt an*: Wer täglich verständliche Texte liest, übernimmt früher oder später manch knackige Formulierung in den eigenen Sprachgebrauch.

Gibt es bereits Ergebnisse Ihrer Initiative?

RR: Wir sind ja schon seit einigen Jahren in Sachen Verständlichkeit unterwegs. Klar, dass wir positive Ergebnisse erzielt haben – sonst würden wir nicht weitermachen. Wir messen alle Maßnahmen mit der jeweils passenden Methode. Gestartet sind wir mit einer Befragung unserer Kunden. Zum Glück kommt die neue Schreibe bei ihnen durchweg gut an. Die Verständlichkeit von Texten messen wir mit dem Hohenheim-Index und mit qualitativen Stichproben, zum Beispiel bei Antworten auf Beschwerden.

Der Vorher-nachher-Vergleich zeigt in allen Bereichen deutliche Verbesserungen. Wenn dann noch ein Kunde schreibt: *»Genau so möchte ich angesprochen werden«*, wissen wir – wir sind auf dem richtigen Weg. Schwieriger ist es meist, vertrieblichen Erfolg auf einen Text zurückzuführen. Aber auch das ist möglich: Mit einem verständlicheren Baustein konnten wir das Volumen verkaufter Kredite über unseren E-Mail-Kanal um 30 % steigern.

Bei den Mitarbeitern kommt unser »Komma auf'n Punkt«-Humor gut an: Unser Online-Lernclip hat die höchsten Klickraten unter den freiwilligen Clips der Bank, unsere News im Intranet zählen zu den vielgelesenen Beiträgen. Inzwischen kennen fast alle Mitarbeiter das Thema. 70 % haben bereits eines unserer Angebote genutzt, das hat eine interne Befragung ergeben. »Auf den Punkt zu kommen« ist für viele Mitarbeiter inzwischen eine Selbstverständlichkeit.

Mit einer gestützten Bekanntheit von annähernd 100 % gehört die POSTBANK heute zu den bekanntesten Bankenmarken in Deutschland. Die POSTBANK steht für einfache, preiswerte und faire Produkte und zeichnet sich durch Zuverlässigkeit und eine hervorragende Erreichbarkeit aus. Die Nähe zu ihren Kunden und das über Jahre aufgebaute Markenvertrauen zahlen sich auch in schwierigen Zeiten aus. Die POSTBANK gilt als vertrauenswürdige Privatbank, wie sowohl Umfragen als auch die zahlreichen Auszeichnungen belegen.

Warum gleich zu den Sternen greifen?

Über Corporate Language und geschlechtergerechte Sprache.

Sprache ist das älteste Kulturgut der Menschheit. Und wahrscheinlich auch das wertvollste. Dass wir Menschen uns immer weiter entwickeln konnten, haben wir der Sprache zu verdanken. Genauer gesagt: der Fähigkeit, unseren Gedanken Ausdruck zu verleihen. Die Sprache verbindet die Menschheit, aber sie unterscheidet die Menschen auch. Durch die Vielfalt an Einzelsprachen trennt sie Nationen und Völker. Kann eine Sprache aber auch wie ein Keil die eigene Sprachgemeinschaft spalten? Kann eine Sprache ungerecht oder gar herabwertend einzelnen Sprechergruppen gegenüber sein? Das behaupten einige über die deutsche Sprache. Der konkrete Vorwurf: Deutsch sei eine Männersprache und würde dadurch für soziale Ungerechtigkeit sorgen. Dieser Streit zieht immer weitere Kreise und ist daher auch für den Prozess einer Corporate Language nicht unbedeutend. Wagen wir uns also an eine Bestandsaufnahme.

Dreh- und Angelpunkt des Streits: das generische Maskulinum

Der Stein des Anstoßes ist das generische Maskulinum. Im Deutschen wird ein männliches (maskulines) Substantiv oder Pronomen verwendet, wenn:

- das Geschlecht der bezeichneten Personen unbekannt ist.
- das Geschlecht der bezeichneten Personen nicht relevant ist.
- wenn alle Geschlechter gemeint sind.

Dies wird als generisches Maskulinum bezeichnet.

Übrigens: Es gibt im Deutschen auch generische Feminina, also weibliche Substantive, die für alle gelten: »die Person«, »die Persönlichkeit«, »die Berühmtheit«, »die Fachkraft«, »die Führungskraft«, »die Koryphäe«, »die Geisel«, »die Aufsicht«, »die Wache«, »die Waise«. Darunter fallen auch einige Schimpfwörter wie »die Flasche«, »die Niete« oder »die Sau«. Diese Wörter bleiben in der Debatte bisher jedoch meistens außen vor.

Was stört die Kritiker und Kritikerinnen am generischen Maskulinum?

Quellen:
Nummer 18 — 32
Seite 222

Durch das generische Maskulinum entstehe ein »prototypisches Denken«. Das heißt: Hören wir nur die männliche Form, so denken wir zunächst nur an Männer. Ist von einem Chirurgen die Rede, so käme uns stets der Onkel Doktor in den Sinn – und nicht die Tante Doktorin. Das generische Maskulinum lasse eine »codierte Asymmetrie« bei Personenbezeichnungen in der deutschen Sprache entstehen. Das heißt: Die männliche Form markiere die Männer als Norm. Die weibliche Form codiere Frauen als Abweichung durch das an die unmarkierte (männliche) Form angehängte »-in«. [18]

Dem könnte noch hinzugefügt werden, dass sich durch die Endung »-in« einige sprachliche Ungereimtheiten ergeben. So ist eine »Oberin« etwas anders als ein »Ober«. Das Wort »die Wöchnerin« lässt vermuten, es sei von einem »Wöchner« abgeleitet. Biologisch gibt es diesen natürlich nicht. Und sprachlich? Wer in der Sprachhistorie kramt, wird auf etwas stoßen, was mit dem Wochenbett – weiß Gott – nichts zu tun hat. [19]

Ungeachtet der Tatsache, dass das Deutsche deutlich mehr weibliche als männliche Substantive besitzt: [20] Neben dem generischen Maskulinum gibt es noch weitere Kritikpunkte an der »Männersprache«. So sei das Indefinitpronomen (das Fürwort, wenn eine Sache oder Person nicht bestimmt ist) »man« zu nahe am »Mann« angesiedelt. Dadurch können tatsächlich Sätze entstehen, die sogar exklusiv weibliche Lebensbereiche ins Männliche drehen können. Beispiel: »Auf der Wöchnerinnenstation spricht man über seine Entbindung.« Die Engländer können sich hier glücklich schätzen. Sie besitzen das unverfängliche »you«.

TIPP: *Weil das »man« als sprachlich unschön empfunden wird, ersetzen Sie es bitte, wo immer möglich. Wenn es geht, wählen Sie stattdessen auch ein Anredepronomen. Also statt »Man nehme« besser »Bitte nehmen Sie«.*

Grundlagen für eine sachliche Diskussion schaffen: Begriffsdefinitionen

In der Diskussion über eine geschlechtergerechte Sprache wird gerne alles in einen Topf geworfen und dann kräftig umgerührt. Um sachlich zu diskutieren, ist es aber notwendig, die Begriffe zu definieren.

Es gibt im Deutschen drei *grammatische Geschlechter:*[21] Maskulinum (männlich): der; Femininum (weiblich): die; Neutrum (sächlich): das. Von den grammatischen Geschlechtern sind die *biologischen Geschlechter* streng zu unterscheiden. Davon gibt es zwei: *weiblich* und *männlich*. Allerdings gibt es auch das Phänomen der *Intersexualität*. Dies betrifft Menschen, die laut Chromosomenanalyse weder als eindeutig männlich noch weiblich zuzuordnen sind.[22]

In der deutschen Sprache müssen grammatische und biologische Geschlechter nicht übereinstimmen. Bei aller Kritik lohnt es sich genau hinzuschauen. Dass »das Mädchen« sächlich und nicht weiblich ist, hängt beispielsweise mit folgendem Umstand zusammen: Alle Diminutive (Verkleinerungsformen) mit der Endung »-chen« stehen im Neutrum. Daher heißt es auch »das Bübchen«.

Von den biologischen Geschlechtern ebenfalls zu unterscheiden sind die *sozialen Geschlechter*. Hierbei handelt es sich um Geschlechter, in denen sich Menschen als sich selbst fühlen – unabhängig von ihren tatsächlichen biologischen Geschlechtsmerkmalen. Von diesen sozialen Geschlechtern sind 60 dokumentiert.[23] Dazu gehört zum Beispiel die *Transsexualität* (nicht zu verwechseln mit oben genannter Intersexualität).

Was schreibt der Gesetzgeber tatsächlich vor?

Das Bundesverfassungsgericht (BVG) forderte in einem Urteil im November 2017 ein drittes Geschlecht im Geburtenregister eintragen zu lassen. Es reagierte damit auf eine Verfassungsbeschwerde der »Kampagne für eine dritte Option«.[24] Hintergrund war, dass die Eltern intersexueller Kinder sich bis 2013 auf ein Geschlecht festlegen mussten. Ab 2013 bestand die Möglichkeit, nach der Geburt des Kindes kein Geschlecht in die Urkunde eintragen zu lassen. Durch die Kampagne wollten die Betroffenen erreichen, sich positiv als »drittes Geschlecht« registrieren zu lassen. Das BVG wies die Politik an, bis Ende 2018 dafür eine sprachliche Regelung zu finden. Dies wurde erfüllt. Die Geschlechtsbezeichnung lautet seitdem »divers«.[25]

Daher müssen Sie bei Stellenausschreibungen hinter der Berufsbezeichnung alle drei Geschlechter benennen. Beispiel: Kraftfahrer (m/w/d) Zugegeben, es wurde nicht viel Aufsehen um die Einführung des dritten Buchstabens gemacht. Und tatsächlich wussten nicht alle, wofür das »d« denn steht. Einige vermuteten dahinter die Abkürzung für »deutsch«. Mittlerweile hat es sich aber durchgesetzt.

Was fällt aber noch auf? Davor mussten Sie Männer und Frauen gleichermaßen ansprechen: Kraftfahrerinnen und Kraftfahrer oder Kraftfahrer/-innen. Das fällt nun weg. Denn das Urteil bezieht sich nur auf den Inhalt der Botschaft, nicht auf Schreibweisen. Niemand ist verpflichtet zu schreiben: Kraftfahrer_innen oder Kraftfahrende.

TIPP: *Sie möchten Bewerber persönlich ansprechen, ohne auf ein Geschlecht hinzuweisen? Dann wählen Sie einfach die Form: Guten Tag, Vorname Nachname*

Um es nochmals deutlich zu sagen: Das Urteil zum dritten Geschlecht bedeutet nicht, dass der Gebrauch des generischen Maskulinums gegen die Gleichberechtigung verstößt. Es greift nicht in die deutsche Sprache ein. Dies unterstreicht auch ein Urteil des Bundesgerichtshofes vom März 2018 zur weiblichen Ansprache in Formularen. Die Anrede »Kunde« (statt Kundin) stellt demnach keinen Eingriff ins Persönlichkeitsrecht dar und verstößt auch nicht gegen den Gleichheitsgrundsatz. [26]

Dennoch überlegen sich viele Firmen, Behörden und Institutionen, allen Geschlechtern in ihren Texten gerecht werden zu wollen. Sie greifen dabei auf unterschiedliche Lösungen zurück. Wir unterziehen sie einer kritischen Würdigung.

Die Formen einer geschlechtergerechten Sprache

Vorschlag: substantivierte Partizipien

Hier handelt es sich nicht um eine geschlechtergerechte, sondern eher um eine geschlechterneutrale Sprache. Es geht nicht darum, alle Geschlechter miteinzubeziehen, sondern jedes Geschlecht unkenntlich zu machen. Diese Form hat sich schon in einigen Wörtern eingebürgert, etwa in »Lehrende« oder »Teilnehmende«.

Nur noch in dieser Form zu schreiben, bringt jedoch Probleme mit sich. So kann es zu Ungenauigkeiten oder Inkorrektheiten führen. Denn mit dem Partizip drücken wir aus, dass die betreffende Person gerade dabei ist, etwas zu tun. Beispiel: Pfeifend schlendert er durch den Wald. Das bedeutet: Er schlendert durch den Wald und pfeift dabei.

Der Satiriker Max Goldt machte diese Problematik in dem polemisch gemeinten Beispiel »sterbender Studierender« deutlich: »Wie kann man gleichzeitig sterben und studieren?« [27] Ein Biertrinkender ist also jemand, der gerade ein Bier trinkt, vielleicht das erste seines Lebens. Er ist deswegen noch lange kein Biertrinker. Ein Studierender ist schon rein juristisch etwas anderes als ein Student. Dazu unten mehr. Ein Flüchtender kann auch einer Party entkommen sein und ist etwas völlig anderes als ein Flüchtling. So wie ein Säugling auch kein Gesäugter ist.

Auch stößt bei der Wortbildung diese Lösung schnell an ihre Grenzen. Das sehen wir an zusammengesetzten Begriffen wie Bäckerhandwerk oder Fußgängerbrücke. Hier würden Formen mit substantivierten Partizipien wie ihre eigenen Parodien wirken: Backendenhandwerk, Fußgehendenbrücken.

Vorschlag: beide Formen immer ausschreiben

Diese Variante bewegt sich innerhalb der deutschen Grammatik und ist auch gesellschaftlich anerkannt. Wir kennen das aus Formulierungen wie »Mitarbeiterinnen und Mitarbeiter« oder »Studentinnen und Studenten«. Sie müssen jedoch aufpassen, dass Sie diese Paarformen nicht überstrapazieren und ins Absurde rutschen. So ist die häufig gehörte Begrüßung der »Mitgliederinnen und Mitglieder« reiner Unfug, da »das Mitglied« ohnehin schon ein Neutrum ist.

Der große Haken an der Lösung: Sie ist arbeitsintensiv – sowohl beim Schreiben wie auch beim Lesen. Sie benötigt viel Platz und kann längere Texte bis zur Unkenntlichkeit aufblasen. Oft ist das generische Maskulinum einfach praktischer.

Denken Sie an die Durchsage »Auf der A7 kommt Ihnen ein Falschfahrer entgegen.« Solche Eilmeldungen müssen schnell funktionieren. Oder wer würde bei dem Hinweis »Fragen Sie Ihren Arzt oder Apotheker« ernsthaft die weiblichen Fachkräfte unberücksichtigt lassen? Sie kennen den Satz »Die Polizei sucht den oder die Täter«. Versuchen Sie das einmal geschlechtergerecht auszuschreiben: »Die Polizei sucht den oder die Täter oder die Täterin oder die Täterinnen oder die Gruppe eines Täters und einer Täterin oder mehrerer Täter und Täterinnen.« Der Grat zur Satire ist ein schmaler.

Darüber hinaus lassen sich nicht von allen Begriffen weibliche Formen bilden, siehe »der Flüchtling«. Und als drittes Problem taucht auf: Wollen wir die weibliche Endung konsequent überall anhängen, gilt dies auch für alle negativen Begriffe. So müssten wir auch immer von »Vergewaltigerinnen und Vergewaltigern«, von »Terroristinnen und Terroristen« sowie von »Mörderinnen und Mördern« reden.

TIPP: *Formuliere Sie einen Hinweis, dass das generische Maskulinum geschlechterübergreifend zu verstehen ist. Das ist zwar nicht neu, aber noch immer eine praktikable Lösung (auch wenn viele Gleichstellungsbeauftragte das heute nicht mehr akzeptieren). Ein Vorschlag: »Damit der Text leichter zu lesen und zu verstehen ist, wird die männliche Form gewählt. Die Angaben beziehen sich dennoch stets auf Angehörige aller Geschlechter.«*

Das größte Problem stellt sich jedoch für die Befürworter einer geschlechtergerechten Sprache selbst. Denn die Lösung bezieht sich nur auf männlich und weiblich. Sie lässt die Personengruppe divers außen vor.

Geschlechtergerechte Regeln im CL-Test

Blicken wir in die Broschüre einer Behörde in Deutschland mit dem Titel »Leitfaden für eine geschlechtergerechte Sprache«[28] mit dem trotzig klingenden Untertitel »Denn nicht jeder ist Mann«.

Behördenempfehlung:

STATT: seine oder ihre Aufgaben
BESSER: die Aufgabe

Kommentar:
Das könnte den Behörden so passen: Possessivpronomen entfernen. Denn das bedeutet, Zuständigkeiten zu entfernen. Es ist ein Unterschied, ob es heißt: »Kinderfreundliche Wohngebiete zu erschließen, ist eine Aufgabe.« Dann ist dies eine allgemeine Feststellung, in der niemand dafür die Verantwortung trägt. Oder: »Kinderfreundliche Wohngebiete zu erschließen, gehört zu seinen Aufgaben.« Dann folgt automatisch die Rückfrage »Wessen Aufgaben?«. Denn hier wird auf eine verantwortliche Person hingewiesen.

Behördenempfehlung: Passivformen

STATT: Er oder sie hat nachzuweisen ...
BESSER: Im Leistungsverzeichnis ist nachzuweisen ...

STATT: Die Bewerber müssen einen Antrag ausfüllen.
BESSER: Für die Bewerbung muss ein Antrag ausgefüllt werden.

Kommentar:
Zur Erinnerung: Das Passiv wird im Deutschen gebraucht, wenn die handelnde Person unbekannt oder unwichtig ist. Deshalb lieben die Behörden diese Form so. Alle Stilfibeln in Deutschland empfehlen seit Jahrzehnten genau aus diesem Grund, das Passiv durch die aktive Form zu ersetzen.

Diese Regel bedeutet also, nicht nur die Uhr, sondern auch die Entwicklung zurückzudrehen – weg von einer persönlichen, menschlichen Sprache, hin zur Bürokratie. Mit dem Passiv wird wieder Distanz aufgebaut. Der Mensch / die Person verschwindet hinter einem »Leistungsverzeichnis«.

> **Behördenempfehlung: Geschlechtsneutrale Adjektive**
> Um Adjektive geschlechtsneutral darzustellen, wird anstelle der männlichen Personenbezeichnung oder der männlichen Beifügung zum Nomen (Hauptwort) ein geschlechtsneutrales Adjektiv gesetzt.
>
> STATT: fachmännische Auskunft erteilt
> BESSER: fachkundige Auskunft erteilt
>
> STATT: die Unterstützung eines Kollegen
> BESSER: die kollegiale Unterstützung
>
> STATT: Eingang für Rollstuhlfahrer
> BESSER: rollstuhlgerechter Eingang

Kommentar:
Gegen »fachkundig« statt »fachmännisch« ist nichts einzuwenden. Es gehört zu den Eigenheiten der deutschen Sprache, dass auch Frauen eine Mannschaft bilden sollen.

Dass das Amtsdeutsch die Sprache entmenschlicht, zeigt sich aber im dritten Beispiel: Der Fokus verlagert sich vom Rollstuhlfahrer zum Eingang. Um es deutlich zu machen: Es wird nicht mehr für Rollstuhlfahrer ein Eingang geschaffen, sondern: Es wird ein Eingang geschaffen, der sich für Rollstühle eignet. Die Aussage dreht sich nicht mehr um den Menschen, dieser ist verschwunden. Sie dreht sich nur noch um eine bautechnische Beschaffenheit.

Behördenempfehlung:

STATT: Studentinnen und Studenten
BESSER: Studierende

STATT: Fußgänger und Fußgängerinnen
BESSER: zu Fuß gehende Person

STATT: Wählerinnen und Wähler
BESSER: Wahlberechtigte

Kommentar:

Das Problem hier: Die Begriffe besitzen nicht dieselben Bedeutungen. Sie sind keine Synonyme. Wie bereits erwähnt sind zwar alle »Studenten« auch »Studierende«, aber nicht alle »Studierende« sind auch »Studenten«. Studenten müssen an einer Universität eingeschrieben sein. Studierende sind Studenten, die an anderen Institutionen studieren. Beispielsweise darf sich ein Student für Dolmetschen an einer Fachakademie offiziell nicht Student nennen, sondern er ist ein Studierender. Damit gehen auch andere Rechte einher. Es ist also keine Wortklauberei, sondern es sind zwei verschiedene Sachen, die ihre jeweilige Bezeichnung brauchen.

    Ganz tollkühn wird es, wenn Wählerinnen und Wähler mit Wahlberechtigten gleichgesetzt werden. In Deutschland gab es 2017 61,5 Millionen Wahlberechtigte. Wählerin und Wähler wird man aber erst, wenn man auch tatsächlich zur Wahl geht. Das waren bei der Bundestagswahl 2017 rund 75 %. Die rund 25 %, die nicht zur Wahl gingen, heißen nicht von ungefähr Nichtwähler. Nach der Logik dieses Leitfadens wären aber Wähler auch gleichzeitig Nichtwähler.

Behördenempfehlung: Plural statt Singular
Von Vorteil, wenn damit Reflexivpronomen (rückbezügliche Fürwörter) vermieden werden können.

> STATT: Die Bürgerin oder der Bürger,
> die oder der sich anmelden will...
> BESSER: Die Bürgerinnen oder der Bürger,
> die sich anmelden wollen...

> STATT: Für den Nutzer oder die Nutzerin, dem oder
> der die Fachbegriffe nicht geläufig sind...
> BESSER: Für die Nutzerinnen und Nutzer, denen die
> Fachbegriffe nicht geläufig sind...

> STATT: der Mensch
> BESSER: die Menschen

Geschlechtsneutrale Personenbezeichnungen
Es ist weder im Singular noch im Plural erkennbar, ob es sich bei den bezeichneten Personen oder Personengruppen um weibliche oder männliche Akteure handelt.

> die Person bzw. die Personen
> das Individuum bzw. die Individuen
> das Mitglied bzw. die Mitglieder

Kommentar:
Geht es um Gleichstellung oder um Feminismus? Das generische Maskulinum »der Mensch« ist zu vermeiden, das generische Femininum »die Person« wird hingegen empfohlen. Die Begründung: »Der Mensch« lässt nur an Männer denken, »die Person« hingegen an alle. Entspricht das wirklich dem Sprachempfinden der *Menschen* in der Realität? Wenn das generische Femininum als korrekt anerkannt wird, das generische Maskulinum jedoch nicht, klingt dies eher nach einer politischen Entscheidung, denn nach einer geschlechtergerechten.

Fazit: Für den Zweck einer Gleichbehandlung wird das Konkrete wieder abstrakt und das Amtsdeutsch erlebt eine unverhoffte Renaissance. Fehlende Prägnanz, unscharfe Begriffe und vor allem die Distanz zum Leser stehen im Gegensatz zu einer jeden Corporate Language. Denn diese will und muss eine Beziehung zwischen Sender und Empfänger aufbauen.

Vorschlag: Binnen-Majuskel, Sternchen, Unterstrich, x-Endung
MitarbeiterInnen; Mitarbeiter*innen; Mitarbeiter_innen; Studierx; Professx
Dies sind die umstrittensten Lösungen und finden derzeit in der breiten Öffentlichkeit noch wenig Zustimmung – aus mehreren Gründen.

Das erste Problem ist ein rein pragmatisches. Wenn wir von Sprache sprechen, dann in erster Linie von der gesprochenen. Sie ist das Original. Die Schrift als ihre Konservierungsform kam deutlich später hinzu. Sprache muss immer gesprochen werden können. Diese Formen sind jedoch nicht lesbar und schon gar nicht vorlesbar. Textelemente, die aber nicht lesbar sind, sind codierte Elemente – und keine Sprache. Sie können die Unterscheidung in BürgerInnen nicht lesen. Aber selbst die Schreibung würde bei konsequenter Umsetzung bei Komposita (Zusammensetzungen) ins Absurde ausufern: BürgerInnenmeisterInnenkandidatInnen.

Es gibt Vorschläge, wie man die Genderlücke artikulieren kann: »Das Sternchen und die Lücke werden in der Aussprache durch einen stimmlosen glottalen Verschlusslaut wiedergegeben – ein Laut, den wir produzieren, indem wir die Stimmlippen (»Stimmbänder«) kurz vollständig schließen.«[29] Wie sollte sich so etwas etablieren können? Können sich doch die vielen Dialekte im Deutschen schon bei einfachsten Wörtern nicht auf eine standardisierte Aussprache einigen.

Und was ihre Schreibweise betrifft, tauchen immer wieder neue Aspekte auf, die es zu berücksichtigen gilt. Dazu kann ein Blick über die Grenze hilfreich sein. Was in Deutschland das Gendersternchen ist, ist in Frankreich der »point médian«. Als im Herbst 2017 der französische Premierminister Édouard Philippe verfügte, dass Behörden eben diesen nicht mehr benutzen dürfen, bekam er Zustimmung vom Blindenverband. Dieser hielt die Texte mit dem »point médian« in der Blindenschrift für nicht mehr lesbar.[30]

Gegner und vor allem auch Gegnerinnen dieser Genderschreibmodelle werfen ein, dass diese Schreibweisen nicht Ausdruck einer Gleichberechtigung seien, sondern erst recht die Geschlechtertrennung unterstreichen würden. Und das ist auch eine große Schwäche fast aller Lösungen. Die kritisierte Abhängigkeit vom Männlichen bleibt im Suffix »-in« weiter bestehen. Es wird zwar etwas verändert oder hinzugefügt, aber die oben erwähnte »codierte Asymmetrie« letztendlich nicht behoben. Daher würde aus Gendergesichtspunkten die x-Endung an Wörter noch am meisten Sinn ergeben. Doch eine solche radikale Veränderung der Sprache, die wie eine Verballhornung anmutet, wird keine Zustimmung finden. Und das nicht nur, weil Wörter wie Studierx oder Professx nicht aussprechbar sind.

Das größte Problem aller Reformvorschläge bleibt daher auch die fehlende Legitimation in der Bevölkerung. Solche Sprachregelungen finden keine breite Zustimmung, da sie nicht dem allgemein üblichen Sprachgebrauch entsprechen. Das belegen auch Umfragen. [31] Und sie behördlich durchzusetzen empfinden die meisten Menschen als anti-demokratisch, vielleicht sogar autoritär. Das Denken und Verhalten von Menschen zu ändern, indem ihre Sprache in bestimmte Bahnen gelenkt wird? Dieser Gedanke ruft die Mahner auf den Plan. George Orwells »1984« lässt grüßen.

Neue Schreibweisen als politisches Statement

Auch viele Zeitschriften und Zeitungen lehnen diese Regelung ab, selbst wenn sie in vielen anderen Bereichen durchaus eine liberal-progressive Haltung an den Tag legen. Sie erkennen sowohl das Zustimmungsdefizit in der Leserschaft als auch, dass sich diese Schreibweisen in der Praxis nicht durchführen lassen. Darüber hinaus ist es ja gerade ihre Aufgabe aufzudecken, wenn Sprache zum Werkzeug der Politik wird. Andersherum gesagt: Diejenigen Organe, die konsequent auf diese Schreibweise setzen, machen dies nicht zuletzt deshalb, um selbst ein politisches Statement abzugeben. Darum sollten sich alle explizit unparteiischen Gruppen gut überlegen, ob sie diese Schreibweise anwenden wollen.

Vorschlag: alles nur noch weiblich

Letzten Endes werden Formen wie »Fahrer*innen« auch ihrer Aufgabe nicht gerecht. Denn jedes Gehirn liest bei »Fahrer*innen« automatisch »Fahrerinnen«. Das Wort wird als generisches Femininum wahrgenommen. Damit liegt der Schwerpunkt auf der Frau. Streng genommen könnte man gleich nur die weibliche Form nutzen. Diesen Vorschlag gibt es auch. Ist mit ihm mehr gewonnen? Nicht im Sinne der Geschlechtergerechtigkeit. So schließt ja auch das generische Femininum alle anderen Geschlechter aus. Hier ginge es eher um »Umkehrung der Verhältnisse« als um einen Ausgleich. Es ist aber fraglich, ob alle anderen biologischen und sozialen Geschlechter diese Umkehrung als Lösung akzeptieren – die zudem noch komplizierter zu schreiben ist als die alte. Vor allem aber – und das ist das größere Hindernis – ließen sich so bestimmte Satzaussagen im Deutschen nicht mehr formulieren. Zwei Beispiele verdeutlichen das:

»Der beste Autofahrer Deutschlands ist eine Frau.«
»Angela Merkel ist der achte Bundeskanzler der Bundesrepublik Deutschland – sie ist aber die erste Bundeskanzlerin.«

Fazit zu den Modellen

Obwohl über Jahrhunderte tradiert, ändert sich Sprache. Das betrifft den Wortschatz, den Sprachstil oder auch die Grammatik. Aber das darf nicht per Dekret geschehen, sondern muss aus der Sprachgemeinschaft selbst kommen. Wenn sie es für angemessen hält, formuliert sie Regeln neu.

»Das Mädchen gab ihrer Großmutter den Kuchen.« So heißt es heute in vielen Märchenbüchern. Das Personalpronomen (»ihrer«) richtet sich nach dem natürlichen Geschlecht des Mädchens – und nicht mehr nach dem grammatischen Geschlecht wie früher einmal. Denn in den älteren Büchern steht noch grammatisch richtig: »Das Mädchen gab seiner Großmutter den Kuchen.«

Gerade weil die Sprache ein so komplexes und historisch gewachsenes System ist, lässt sie sich nicht mit ein paar Handgriffen einfach umkrempeln. Bei allen oben aufgeführten Modellen geht an irgendeiner Stelle etwas verloren. Und am Ende leidet das am meisten darunter, was eigentlich verbessert werden sollte: die Kommunikation. Mag die Absicht dahinter noch so ehrenvoll sein: Wenn Unzufriedenheit durch neue Unzufriedenheit ersetzt wird, ist nichts gewonnen. Dann kann das Bewährte bleiben – zumal, wenn es verständlicher, lesbarer und einfacher ist.

Wie geht es weiter? Was sagt der Rat für deutsche Rechtschreibung?

Linguisten bemängeln, dass einige der oben genannten Formen nicht mit den Regeln der deutschen Rechtschreibung und Grammatik konform gingen. Zugegeben, aus Sicht von Marketing und Werbung wäre dies noch zu verkraften. Hier gelten ohnehin häufig andere Gesetzmäßigkeiten. Es gibt zum Glück (noch) kein Gesetz, das uns vorschreibt, wie wir zu schreiben haben. Sonst gäbe es auch keine Literatur oder eben auch keine Werbung. Verbindliche Regelungen gibt es lediglich für Schulen und Behörden – festgelegt durch den Rat für deutsche Rechtschreibung. Dieser konnte sich noch zu keinem abschließenden Urteil durchringen. Die Entwicklung einer geschlechtergerechten Schreibung solle »nicht durch vorzeitige Empfehlungen und Festlegungen des Rats für deutsche Rechtschreibung beeinflusst werden«.[32] Er wird wohl wissen, dass es in dieser Frage kein salomonisches Urteil geben kann. Denn hier geht es nicht nur um eine Frage der Sprache, sondern um eine der Weltanschauung. Das macht den Diskurs so schwierig.

Ändern sich mit der Sprache auch die Menschen?

Selbst wenn wir eine Genderform einführten: Was wäre der nächste Schritt? Wie lange dauert es, bis Kinder und Erwachsene getrennt angesprochen werden müssen? Oder Religionen und Ethnien differenziert werden müssen? Wie viel oder wie wenig Regelhaftigkeit verträgt eine Sprache? Die sogenannte Euphemismus-Tretmühle zeigt uns, dass die politische Korrektheit so lange Ausdrücke weiterentwickelt, bis sie der Lächerlichkeit preisgegeben werden. Wenn aus »Zigeunern« »mobile ethnische Minderheiten« werden und aus »Menschen mit schwarzer Hautfarbe« »Maximalpigmentierte«. Sprache kann vieles bewirken, aber nicht alles leisten. Und die soziale Wirklichkeit lässt sich nicht einfach per Sprachregelung verändern. Nicht die Sprache benachteiligt Menschen, sondern die Gesellschaft. Viele Sprachen besitzen kein Genus und unterscheiden auch in den Pronomina (Fürwörtern) nicht nach dem Geschlecht. Türkisch und Persisch gehören dazu. Sind dadurch Frauen, Intersexuelle und Transsexuelle in der Türkei oder im Iran bessergestellt als im deutschen Sprachraum?

Ein Beispiel zum Schluss

Wenn es schon kein salomonisches Urteil geben kann, dann zumindest einen Verweis auf die Bibel: »An ihren Taten sollt ihr sie erkennen« (1. Johannes, 2 1-6). Mit anderen Worten: *Der Mensch muss liefern, nicht die Grammatik.* Ein schönes Beispiel dafür liefert ein Plakat von Bertelsmann mit dem Titel »be queer«.

Der Text darauf:

»Das Mitarbeiternetzwerk be.queer fördert ein offenes Arbeitsumfeld für alle Mitarbeiter. Möchtest du mehr über be.queer erfahren, Teil des Netzwerks oder Unterstützer werden? be.queer ist ein Netzwerk lesbischer, schwuler, bisexueller, transsexueller, intersexueller und queerer Kollegen und ihrer Unterstützer.«

Keine Doppelformen, substantivierte Partizipien, Binnen-Majuskeln, Sterne oder Unterstriche. Sogar das generische Maskulinum bei »Mitarbeiter«, »Kollege« und »Unterstützer«. Und doch ist die Botschaft angekommen – vielleicht gerade, weil sie so verständlich und prägnant wie möglich formuliert wurde?

*siehe
Case OTTO
Seite 126

Selbstverständlich gibt es Unternehmen, die sich in ihrer Unternehmenssprache für eine gendergerechte Form entschieden haben.* Für alle Unentschlossenen gibt es die Empfehlung des Rats für Deutsche Rechtschreibung vom 28.11.2018:

»**Geschlechtergerechte Texte sollen**

1. sachlich korrekt sein
2. verständlich und lesbar sein
3. vorlesbar sein (mit Blick auf die Altersentwicklung der Bevölkerung und die Tendenz in den Medien, Texte in vorlesbarer Form zur Verfügung zu stellen)
4. Rechtssicherheit und Eindeutigkeit gewährleisten
5. übertragbar sein im Hinblick auf deutschsprachige Länder mit mehreren Amts- und Minderheitensprachen
6. für die Lesenden bzw. Hörenden die Möglichkeit zur Konzentration auf die wesentlichen Sachverhalte und Kerninformationen sicherstellen

Dabei ist jeweils auf die unterschiedlichen Zielgruppen und Funktionen von Texten zu achten.«[32]

Ihr CL-Spickzettel.

Tipps aus der Praxis für die Praxis.

Im folgenden Kapitel finden Sie die wichtigsten
Bausteine einer Corporate Language.
Sie helfen Ihnen, Ihre Unternehmens- oder
Markensprache spielerisch vorzudenken.

Ist Ihr Unternehmen oder Ihre Marke einzigartig?

Wenn wir über die unverwechselbare Sprache von Unternehmen reden, beziehen wir uns oft auf einen merkfähigen Claim. Gute Claims sind wichtig, weil sie kurz und prägnant das Wesen des Unternehmens zum Ausdruck bringen. Besonders eindrucksvolle prägen sich uns derart ein, dass sie als geflügelte Worte Teil unserer Umgangssprache werden. Denken Sie an »die feine englische Art«, »Man gönnt sich ja sonst nichts«, »Wer wird denn gleich in die Luft gehen«, »Nicht immer, aber immer öfter«, »Keine Feier ohne Meyer«, »Wenn's mal wieder länger dauert«.

Doch selbst der beste Claim hilft nichts, wenn anderweitig ein sprachlicher Mischmasch das Wesen eines Unternehmens verwässert. Für einen authentischen und glaubwürdigen Auftritt braucht es stets eine in sich schlüssige und durchgängige Sprache.

Punkt 1 Übertragen Sie Werte in Sprache.
Können Sie eine Marke anhand nur vier zufällig ausgesuchter Begriffe aus ihrer Marketing-Sprache erkennen? Das klingt zunächst vielleicht unglaubwürdig. Aber machen Sie den Test:

____Hej
____Billy
____Du
____Köttbullar

Auch ohne Ihnen Antwortmöglichkeiten vorzugeben, haben Sie es vermutlich auf Anhieb erraten. Es handelt sich um IKEA.

Und weil es hier nicht um Schleichwerbung gehen soll, sei erwähnt: Es gibt noch viele andere Einrichtungsgiganten auf dem deutschen Markt, deren Produkte bestimmt mindestens genauso gut sind. Doch würden Sie auch diese Geschäfte an ihrer Sprache erkennen?

Was machen die Schweden anders? Sie vereinen das Merkmal ihrer Herkunft mit den angestrebten Werten Ungezwungenheit, Nähe und Familienfreundlichkeit. Dass die schwedischen Wörter in deutschen Ohren teils lustig klingen (Kackling, Stänka), ist beabsichtigt.

Ja, mehr noch. In einem eigenen Unternehmensblog (LIMMALAND) für Kinder wird ihnen diese Sprache nähergebracht, um so das Unternehmen schmackhaft zu machen.

Wenn Sie nun sagen: Das Beispiel war auch einfach. Dann haben Sie Recht. Aber warum war es das? Weil dies das Ergebnis einer wohlüberlegten Arbeit war.

Punkt 2 Nutzen Sie einen Wortschatz, der Sie von anderen unterscheidet.
Wir bleiben bei bekannten Marken. Diese beiden treten im Markt der Pflegeprodukte sehr erfolgreich auf. Und sie kommen sich dabei erstaunlich wenig in die Quere. Warum ist das so? Weil sie sich eigenständig positionieren – durch Sprache. Die eine kommt aus Hamburg, die andere aus Paris. Doch wie geht das?

> **ÜBUNG 1:** Versuchen Sie zunächst jeder Stadt fünf Begriffe zuzuordnen.
>
> Hamburg **A** und Paris **B**
> *kühl, international, Hafen, hanseatisch, Mode, extraordinär, Artist, gediegen, Weltsprache, Kaufmann*
>
> Was passiert hier? Sie überprüfen eintreffende Informationen auf vorhandene Annahmen und bekannte Eigenschaften. Damit schafft es Ihr Gehirn, in kürzester Zeit zu akzeptablen Lösungen zu gelangen. Und stimmen die Vorstellungen über eine Sache dann tatsächlich mit der Sache selbst überein? Dann fühlen Sie sich vertraut. Davon profitieren auch die Marken.
> Die zwei bekannten Marken aus Hamburg und Paris heißen NIVEA und L'ORÉAL.
>
> **LÖSUNG ÜBUNG 1:**
> Hamburg (A): *kühl, Hafen, hanseatisch, gediegen, Kaufmann*
> Paris (B): *international, Mode, extraordinär, Artist, Weltsprache*

> **ÜBUNG 2:** Ordnen Sie diesen Marken Schlüsselbegriffe zu:
>
> **NIVEA A** und **L'ORÉAL B**
> *Pflege, Schönheit, Haut, luxuriös, mild, Trendsetter, sanft, exklusiv, Familie, Welt*
>
> **LÖSUNG ÜBUNG 2:**
> **NIVEA** (A): *Pflege, Haut, mild, sanft, Familie*
> **L'ORÉAL** (B): *Schönheit, Trendsetter, luxuriös, exklusiv, Welt*
>
> Haben Sie die Wortfamilien richtig zugeordnet, sehen Sie umso deutlicher, welche Strategie jedes Unternehmen fährt – und auf welch konsequente Art.

Punkt 3 Bestimmen Sie Schlüsselwörter.
Glauben Sie, dass nur ein einziges Wort unsere Sichtweise auf den Charakter eines Menschen oder Unternehmens grundlegend verändern kann? Mit welcher Macht Sprache unsere soziale Wahrnehmung prägen kann, zeigt Ihnen dieser klassische Test aus der Psychologie (von Solomon Asch, 1946).

Charakter **A:**
intelligent, geschickt, fleißig, warm, entschlossen, praktisch, vorsichtig

Charakter **B:**
intelligent, geschickt, fleißig, kalt, entschlossen, praktisch, vorsichtig

Ordnen Sie jetzt die folgenden Adjektive jeweils passend A und B zu.
knausrig/großzügig, reizbar/gutmütig, berechnend/uneigennützig

Vermutlich haben Sie großzügig, gutmütig, uneigennützig dem Charakter **A** zugeteilt. Und die anderen **B**. Wenn ja, gehören Sie der großen Mehrheit an. Jedes Schlüsselwort hat also nicht nur eine bestimmte Wirkung, sondern verfügt über eine hohe Ausstrahlungskraft – die viele Assoziationen nach sich zieht.

ÜBUNG 3: Ordnen Sie die Automarken ihren jeweiligen Schlüsselbegriffen zu.

A	Umparken	1	PORSCHE
B	Freude	2	MERCEDES
C	Technik	3	BMW
D	Das Beste	4	OPEL
E	Performance	5	AUDI

LÖSUNG ÜBUNG 3: A – 4, B – 3, C – 5, D – 2, E – 1

Sie sehen sie jetzt unter einem ganz neuen Gesichtspunkt und könnten zu jedem eine Geschichte erzählen.

Punkt 4 Finden Sie einen eigenständigen Sprachstil.
Viele Menschen sitzen täglich auf den Straßen und betteln um Geld. Die meisten Passanten beeindruckt das wenig. Und zwar, weil sie die Botschaften auf den Pappschildern weder originell noch überzeugend noch glaubhaft finden. Aber ein paar wenige gibt es dann doch, vor denen die Menschen stehen bleiben – und sogar bereit sind, etwas zu spenden. Machen Sie den Test:

»Meine Familie braucht Hilfe!« oder
»Meine Frau wurde entführt. Bin klamm, brauche nur 98 Cent fürs Lösegeld.«*

»Ich habe Hunger« oder
»Warum lügen? Ich möchte ein Bier!«*

*Diese Schilder gab es wirklich.
Daran sehen wir: Vernunftgesteuerte, berechenbare und rationale Lösungen müssen nicht immer zielführend sein. Sie kennen Ähnliches auch aus der Branche der Autovermietungen. Ohne diese damit mit bettelnden Menschen gleichsetzen zu wollen.

> **ÜBUNG 4:** Ordnen Sie die jeweiligen Sprüche einer Marke zu. Und überlegen Sie, welche Ihnen am sympathischsten erscheint.
>
> 1. Ist es nicht ungerecht, dass Ihr Müll Mercedes fährt und Sie nicht?
> 2. Ein Fahrzeug für jeden Bedarf.
> 3. Wir wollen das Leben für unsere Kunden mit innovativen Produkten angenehmer gestalten.
> 4. Eine große Auswahl der neuesten Modelle erwartet Sie.
>
> **A** AVIS   **B** EUROPCAR   **C** HERTZ   **D** SIXT
>
> **LÖSUNG ÜBUNG 4:** 1 – D, 2 – A, 3 – C, 4 – B

Möglicherweise werden Sie nicht alle richtig zugeordnet haben. Den Spruch von sixt aber wohl schon. Kein Wunder – er sticht aus der Masse heraus und demonstriert ein ganz eigentümliches Markenwesen. Das ist vor allem in Branchen wichtig, in denen Leistungen und Preise nahezu austauschbar sind.

Zusammenfassung:
Corporate Language lässt Kunden eine Marke nicht nur erleben, sondern sich auch mit ihr identifizieren. Eine unverwechselbare Sprache grenzt vom Wettbewerb ab und schärft das eigene Profil.

Präsentiert sich Ihr Unternehmen oder Ihre Marke durchgängig einheitlich?

Ihre Markenidentität (Corporate Identity) besteht aus zwei Teilen – einem visuellen und einem sprachlichen. Den visuellen Auftritt haben Sie bestimmt in einem Corporate Design festgelegt. Und dieses hüten Sie wie den Heiligen Gral. Niemals kämen Sie auf die Idee, einfach so das Logo zu verändern oder Ihre Markenfarben oder Ihre Typografie. Aus gutem Grund. Warum wird aber oft die andere Hälfte, die Corporate Language, gerne vernachlässigt? Weil Sprache so eine verzwickte Sache sein kann?

Mehrere Texter schreiben mehrere Textsorten zu mehreren Anlässen auf mehreren Kanälen für mehrere Zielgruppen mit mehreren Interessen. Nicht einfach. Dazu kommt, dass die Sprache ja bereits selbst alles andere als einheitlich ist.

Punkt 1 Passen Sie Ihre Sprache Ihrer Zielgruppe an.
Es gibt Unterschiede im Sprachgebrauch, deren Gründe zum Beispiel in der Geografie, im Alter, im Sachverstand oder in der Weltanschauung liegen.

Testen Sie sich.

Nord	und	Süd
Klempner		?
Ost	und	West
Stomatologe		?
helvetisch	und	deutsch-deutsch
Flaschendepot		?
österreichisch	und	deutsch-deutsch
Bartwisch		?
Laie	und	Experte
Glühbirne		?

Beamter	und	Bürger
nicht lebende Einfriedung		*?*
Pro	und	Contra
Kernenergie		*?*
digital	und	analog
SEMIBINIMEBÖ		*?*
digital (alt)	und	digital (jung)
HDGDL =		*?*
Hab dich ganz doll lieb		

LÖSUNG: *Flaschner, Zahnarzt, Einwegpfand, Handbesen, Glühlampe, Zaun, Atomstrom, Sei mir bitte nicht mehr böse, Hab dich gedisst, du Loser*

Punkt 2 Vereinheitlichen Sie Tonalität und Sprachniveau.
Haben Sie sich auf eine Sprachvariante festgelegt, droht die nächste Stolperfalle: die Tonalität. Denn bestimmte Formulierungen und sogar einzelne Wörter können Auskunft geben über die Qualitätsstufe, das Preisniveau oder die Zielgruppe.

Machen Sie den Test:

A Für welchen Wein würden Sie mehr bezahlen?
a *Was auch immer die renommierte Wein-Dynastie der Rothschilds in die Hand nimmt, es wird daraus ein wertvolles Kleinod in der Welt des Weins. Der 2018er Los Vascos, nun schon der 25ste Jahrgang ihrer südamerikanischen Dependance, zeichnet sich durch einen klaren Cabernet-Sauvignon-Charakter aus. Wir finden würzige Kräuter, reife Beeren und einen leichten Anklang feiner Bitterschokolade im konzentrierten Duftstrauß. Die Tannine, durchaus im Bordeaux-Stil, bilden das Rückgrat für weitere vorteilhafte Lagerung. Ein beständiger Wert in Zeiten zahlreicher zweifelhafter und hochgejubelter Neulinge.*
b *100 % Cabernet Sauvignon, 85 Wine-Spectator-Punkte … und 2018 als*

großes Jahr noch obendrauf. Da kann man sich schon auf das Öffnen der Flasche freuen. Die Farbe deutlich vom Jahrgang geprägt. Eher Purpur als Rubin. Das Bukett absolut perfekt: rote Beeren, Kräuter, Schokolade. Hat alles, was man von einem chilenischen Cabernet Sauvignon dieser Preisklasse erwartet. Am Gaumen einwandfrei. Klasse Tanninstruktur. Der Abgang mal richtig lang und saftig. Typisch Rothschild!

B Und für welchen Wein hier?
a *Perfekter Grillwein*
b *Purer Silvaner*

C Und für welchen Wein hier?
a *Vin de table*
b *Grand cru*

Auf Nummer sicher gehen Sie, wenn Sie bei **C** auf **b** gesetzt haben. Denn »Grand cru« ist eine Klassifikationsstufe, die dem einfachen Tafelwein qualitativ überlegen ist.

Bei **A** lässt Sie nicht der Wein entscheiden, sondern die Sprache. Denn es handelt sich um denselben Wein. Jedoch ist **a** für eher wertorientierte Weinliebhaber geschrieben, **b** hingegen für ergebnisorientierte Genießer.

Auch bei **B** liegen Sie mit keiner Antwort falsch, sondern offenbaren damit Ihre persönliche Einstellung. Denn hier sagt die Etikettierung nichts über das Qualitätsniveau aus. Ein purer Silvaner kann ein perfekter Grillwein sein. Biertrinker werden Sie möglicherweise mit **a** besser ansprechen, Weinfreunde eher mit **b**.

Sie sehen: Tonalität kann einerseits die Wertigkeit ausdrücken. Sie ist aber auch wichtig, um eine entsprechende Zielgruppe passend anzusprechen. Wichtig ist in beiden Fällen, dass Sie sie konsequent durch die Texte ziehen.

ÜBUNG 5: Welche Formulierung fällt aus der Reihe?

Dieses Einzelstück
1. *zeugt von stilvoller Noblesse*
2. *ist über alle Zweifel erhaben*
3. *zelebriert das Besondere*
4. *setzt ein ganz starkes Zeichen*
5. *huldigt der Meisterkunst*

LÖSUNG ÜBUNG 5: Nummer 4. Denn es ist die einzige Formulierung ohne Spreizstil.

ÜBUNG 6: Welcher dieser Begriffe vermittelt die höchste Wertigkeit? Ordnen Sie die Begriffe von wenig nach viel.

1. *Artefakt*
2. *Gegenstand*
3. *Luxusgut*
4. *Wertgegenstand*
5. *Ziergegenstand*

LÖSUNG ÜBUNG 6: 2, 5, 4, 3, 1

Wie stellen Sie in Ihrem Unternehmen eine einheitliche Textqualität und Tonalität sicher? Bitte sagen Sie jetzt nicht »Jeder Texter ist selbst verantwortlich«. Auch einen Germanisten im Unternehmen zu wissen, reicht nicht aus. Auf einem guten Weg befinden Sie sich, wenn Sie zumindest eine dieser drei Antworten ankreuzen:

____Wir haben Leitlinien zur Sprache.
____Wir haben eine entsprechende Abteilung oder einen Verantwortlichen.
____Wir besuchen regelmäßig Schulungen.

Punkt 3 Führen Sie ein Sprachniveau durch alle Kanäle.
Eine einheitliche Sprache bedeutet nicht nur in allen Werbemitteln mit derselben Tonalität aufzutreten. Sondern überall. Schriftlich wie mündlich.

Folgende Kanäle sind für eine Corporate Language von Bedeutung:

____Marketing
____Vertrieb
____Standardkommunikation
____Website
____Employer Branding
____Social Media
____CRM
____Unternehmenskommunikation
____PR / Pressemitteilung
____Dialogmarketing
____POS
____Messe
____Interne Kommunikation
____Audio-Kanäle (Sprachassistent, Podcast o.Ä.)

Punkt 4 Legen Sie eine Ansprache fest.
Bei William Shakespeare gab es noch die Unterscheidung zwischen »you« und »thou«. Heute gibt's auf der Insel nur noch »you«. Glückliche Briten. Auch in Schweden werden mittlerweile alle geduzt – bis auf die Mitglieder der Königsfamilie. Und bei uns? Da hängt das Duzen oder Siezen von einigen Faktoren ab: Knigge, Alter, Zeitgeist, mediales Umfeld, Gesetze – und die Firmenkultur.

TEST: Zu welchen Aussagen passt das Sie und zu welchen das Du?

1. *Wir haben flache Hierarchien.*
2. *Wir schätzen eine ehrliche Streitkultur.*
3. *Wir erleichtern Kollegen den Einstieg.*
4. *Wir achten sehr auf Respekt und Diskretion.*

LÖSUNG: Punkt 1 und 3 für Du, Punkt 2 und 4 für Sie.

Entscheiden müssen Sie letztendlich nach Ihrer Unternehmensphilosophie. Je nach Bereich für das eine oder andere.

____Azubi-Kommunikation
____Interne Kommunikation
____TWITTER
____FACEBOOK
____INSTAGRAM
____YOUTUBE-Filme
____Kunden-E-Mails
____B2B-Kunden
____B2C-Kunden
____Bestandskunden
____Neukunden
____In-App-Kommunikation
____Website

Punkt 5 Verankern Sie Standards.
Wenn wir schon bei der Ansprache sind. Auch jemanden angemessen zu begrüßen und zu verabschieden muss festgelegt sein. Nicht nur weil es eine Frage der Höflichkeit ist, sondern weil es Vertrautheit schafft. Und die ist wichtig für die Kundenbindung.

TEST: Welche Anrede- und Grußformeln haben Sie bei sich im Betrieb schon gelesen?

____ *Sehr geehrte/r Herr/Frau Mustermann*
____ *Guten Tag Herr Mustermann*
____ *Guten Tag Max Mustermann*
____ *Liebe/r Herr/Frau Mustermann*
____ *Liebe Frau Mustermann*
____ *Liebe Martina Mustermann*
____ *Hallo*
____ *Mit freundlichen Grüßen*
____ *Freundliche Grüße*
____ *Beste Grüße*
____ *Allerbeste Grüße*
____ *Liebe Grüße*
____ *Sonnige Grüße*
____ *Gruß*
____ *Grüße aus*
____ *Bis bald*
____ *Bis demnächst*
____ *Tschüss*
____ *Ciao*
____ .... (zum selber einfügen)

Punkt 6 Vereinheitlichen Sie Schreibweisen
Bleiben wir bei der Signatur. Angenommen, Sie hätten einen Kundendienst, welcher nach der Grußformel erwähnt wird.

TEST: **Wie würde die korrekte Schreibweise lauten?**

____Ihr Service Team von XX
____Ihr ServiceTeam von XX
____Ihr Service-Team von XX
____Ihr Serviceteam von XX

LÖSUNG: Da es der Name Ihres eigenen Dienstleisters ist, besitzt er gewissermaßen einen Markencharakter – und Sie dürfen ihn schreiben, wie Sie wollen. Nur: Sie sollten ihn stets einheitlich schreiben.

Punkt 7 Schaffen Sie eine Namensarchitektur
Wenn Namen nur Schall und Rauch wären, drohten die Produkte dahinter sich in Nichts aufzulösen. Daher versuchten Firmen schon immer, ihren Produkten identitätsstiftende Namen zu geben – indem sie eine Systematik der Einheitlichkeit entwarfen. Jetzt sind wir wieder beim schwedischen Möbelriesen. Bei ihm tragen beispielsweise Bücherregale, Sofas und Couchtische schwedische Ortsnamen. Gartenmöbel werden nach schwedischen Inseln benannt. Stühle und Schreibtische erhalten Männernamen, Stoffe und Gardinen Frauennamen, Kinderartikel vorwiegend Tiernamen und so weiter.

Manche Systematiken bleiben für lange Zeit in Ihrem Gehirn. Testen Sie sich selbst.

1. *Diese Autofirma setzte auf die Namen von Winden: ...*
2. *Diese Autofirma setzte auf die Namen von Marine-Dienstgraden: ...*
3. *Diese Autofirma setzt auf die Namen von Kampfstier-Rassen: ...*

LÖSUNG: 1. VW, 2. OPEL, 3. LAMBORGHINI

Ziel ist an dieser Stelle nicht Kreativität, sondern Einheitlichkeit, die zu Wiedererkennbarkeit führt. Manchmal verrät ein kleines »i« vor dem Produktnamen nicht nur den Hersteller – sondern führt zu Begeisterungsstürmen.

FRAGE: **Was denken Sie, wer für die Namensfindung in einem Unternehmen verantwortlich sein sollte?**

1. *die Entwickler*
2. *das Produktmanagement*
3. *das Marketing*
4. *der Chef*
5. *der Zufall*

ANTWORT: Bis auf den Zufall, ist es gleich, wer sich die Namen ausdenkt. Wichtig ist lediglich, dass sie schlüssig strukturiert sind. Und dazu braucht es eine festgelegte Systematik.

Zusammenfassung:
Eine Corporate Language sorgt für eine durchgängige Tonalität und ein gleichbleibendes Textniveau – und zwar über alle Kommunikationskanäle hinweg. Sie schafft dadurch Sicherheit beim Formulieren und verhindert einen sprachlichen Gemischtwarenladen. Auch die Namensfindung wird durch sie vereinfacht.

Ist Ihre Sprache genügend kundenorientiert?

Sprache muss viele Funktionen erfüllen. Informieren ist eine davon. Aber bei Weitem nicht die einzige. Darüber hinaus sollte sie unterhalten, berühren, überzeugen, motivieren, begeistern. Erst wenn sie das erreicht, wird sie Menschen zu gewünschten Handlungen bewegen. Was früher allein Imperative (»Kauf XY!«) oder versteckte Imperative (»Der kluge Kunde kauft XY.«) leisten sollten, schafft heute eine Corporate Language eleganter und wirkungsvoller. Indem sie Nichtanfassbares greifbar macht, Komplexes vereinfacht, abstrakte und nüchterne Informationen in emotionale wandelt – und die Kunden mit System zum Handeln verführt.

Punkt 1 Schreiben Sie einfach und verständlich
Die effektivste Kommunikation beschränkt sich auf die Zeichen, die notwendig sind, um eine Botschaft zu übermitteln. Dieses evolutionäre Grundprinzip galt schon zu Urzeiten. Wer nicht schnell auf den Punkt kam, wurde gefressen. Was für die Lebewesen zu Urzeiten galt, gilt auch für die Sprache von heute – insbesondere im Marketing. Wer nicht auf den Punkt kommt, wird nicht überleben. Je einfacher die Sprache, desto eingängiger ist sie. Und je eingängiger die Sprache, desto besser bleiben die Kernbotschaften im Kopf hängen.

Denken Sie an Zitate, Aussprüche und Redewendungen.
Morgenstund' hat Gold im Mund.
Es gibt nichts Gutes, außer man tut es.
Er kam, sah und siegte.

Sie müssen deswegen keine Rhetorik studieren. Es reicht, die Informationen in kleinere, leicht konsumierbare Happen zu packen. Der Vorteil: Unser Gehirn nimmt sie in einem auf, muss nicht lange darauf herumkauen – und verschluckt sich auch nicht daran.
In kleinen Portionen verarbeiten wir Sprache schneller. Profis reden daher vom KISS-Prinzip: »keep it simple and short« (manche sagen auch »stupid«).

ÜBUNG: Schreiben Sie folgende Sätze in verständlicherem Deutsch:

a Gemeinsam mit Ihnen stellen wir die Weichen für Ihre nachhaltige wirtschaftliche Basis.
b Für die Erstellung eines betriebswirtschaftlichen Gesamtkonzepts müssen viele wichtige Fragestellungen geklärt und Entscheidungen getroffen werden.
c Ausgehend von den Vorstellungen unserer Kunden stellen wir deren Optionen nachvollziehbar dar.

LÖSUNG:
a Stellen Sie mit uns die Weichen für Ihren wirtschaftlichen Erfolg.
b Um ein betriebswirtschaftliches Gesamtkonzept zu erstellen, müssen viele Fragen geklärt und Entscheidungen getroffen werden.
c Wir zeigen, wie sich die Wünsche/Pläne unserer Kunden umsetzen lassen. Sehen Sie, wie sich Ihre Wünsche/Pläne umsetzen lassen.

Das alles sollte sich in Ihren Texten nicht wiederfinden:
____Füllwörter
____Floskeln
____Schachtelsätze
____abstrakte Wörter
____Begriffe aus der Amtssprache
____verstaubte Formulierungen
____Wörter mit mehr als 16 Buchstaben
____Substantivierungen
____Passivsätze
____Sätze mit mehr als einer Botschaft
____Sätze mit mehr als 14 Wörtern

Punkt 2 Schaffen Sie positive Emotionen
Können Wörter wirklich Einfluss auf die Entscheidung haben? Und ob. Das veranschaulicht ein Versuch des Psychologen Amos Tversky sowie des Psychologen und Wirtschafts-Nobelpreisträgers Daniel Kahneman. Schauen Sie die beiden Sätze an.

a Bei einem ärztlichen Eingriff ist die Überlebenswahrscheinlichkeit 80 %.
b Bei einem ärztlichen Eingriff ist das Sterberisiko 20 %.
Soll der Eingriff vorgenommen werden?

Wie werden die Probanden wohl entschieden haben? Das Ergebnis ist erstaunlich und doch wenig überraschend. Beim ersten Satz gaben mehr als zwei Drittel die Zustimmung. Beim zweiten lag die Zustimmung nur bei einem Drittel. In beiden Fällen ist die Faktenlage identisch und doch entscheiden die Menschen unterschiedlich. Warum? Weil Emotionen blanke Zahlen schlagen. Dazu kommt: Stark negativ aufgeladene Wörter lösen Abwehrreaktionen aus, positive motivieren hingegen. Die Wörter setzen so Rahmenbedingungen für unser Handeln. Dieses Phänomen geistert neudeutsch als »Framing« durch viele politische Diskussionen. Sinnvoll eingesetzt, führt es zu positiven Effekten in der Wirtschaft.

ÜBUNG: Wandeln Sie die Motivationsblocker in motivierende Zeilen.

a *Derzeit ist es uns nicht möglich, Ihnen die Unterlagen zu senden.*
b *Gehen Sie keine unkalkulierbaren Risiken ein.*
c *Alles über die Volkskrankheit Rückenleiden.*

LÖSUNG:
a Sie erhalten die Unterlagen so bald wie möglich.
b Sichern Sie sich ab.
c So bleibt Ihr Rücken gesund.

Punkt 3 Machen Sie Nichtanfassbares greifbar

Sie können einen Text so schreiben:
Die laufend anwachsenden Datenmengen zeichnen sich durch eine Masse und Komplexität aus, welche unsere Vorstellungskraft vor große Herausforderungen stellt. Als Maßeinheit für die Speicherkapazität werden daher Zettabytes herangezogen. Diese stehen für eine Milliarde Terabytes oder 1.000 Exabytes.

Oder so:
Wer glaubt, es gebe Daten wie Sand am Meer – der irrt. Es gibt viel mehr. Die Menschen produzieren Daten, deren Menge heute schon die Anzahl der Sandkörner sämtlicher Strände dieser Welt bei weitem übersteigt. Längst wird in kaum noch vorstellbaren Zettabytes gerechnet. Ein Zettabyte entspricht 1.000.000.000.000.000.000.000 Bytes.

Nur Fachwissenschaftlern gefällt der erste Text besser. Allen anderen der zweite, vor allem den Laien. Weil er den Leser abholt, indem er etwas vollkommen Abstraktes und Unvorstellbares in ein Bild packt. Der Leser fühlt sich durch diese Mühe von Ihnen wertgeschätzt. Was jedoch noch fehlt, ist ein Übergang, der sein Bedürfnis anspricht – um sein Interesse an der Lösung zu wecken.

ÜBUNG: Schreiben Sie einen Übergang.

LÖSUNGSVORSCHLAG:
Was ebenfalls wächst: die Herausforderungen der Wirtschaft und die Anforderungen Ihrer Kunden. Und das Einzige, was weniger wird? Ihre Zeit. Da macht es natürlich einen gewaltigen Unterschied, ob Sie mit einer Aufgabe Tage verbringen oder Minuten. Ebenso macht es einen bedeutenden Unterschied, ob Sie Ihre Zeit in nicht enden wollenden Meetings absitzen, um passende Lösungen zu diskutieren. Oder ob Sie die Lösung einfach parat haben. Und Ihre Zeit für angenehmere Dinge nutzen.

KONTROLLFRAGE 1: Welcher Schreibstil dominiert in Ihrem Unternehmen?

____ nüchtern-rational
____ bildhaft-emotional
____ deskriptiv (beschreibend)
____ narrativ (erzählend)

Beachten Sie: Bildhaft-emotionale und erzählende Texte bleiben besser im Gedächtnis.

Punkt 4 Machen Sie Komplexes einfach, aber auch spannend.
Ein erster wichtiger Schritt ist es, komplexe Sachverhalte und Sätze aufzuspalten und verständlich zu präsentieren. Um neben der Verständlichkeit auch die Attraktivität zu steigern, gilt es, den Text noch dramaturgisch zuzuspitzen. Diese Dramaturgie erreichen Sie durch rhetorische Mittel oder interessante Inhalte. An folgendem einfachen Beispiel sehen Sie, wie Sie einem rein deskriptiven Text zu mehr Emotion und Relevanz zu verhelfen.

Original:

Cyber Defense

Die Informationssicherheit und damit der langfristige Schutz Ihrer Unternehmenswerte ist uns ein Anliegen. Unser Cyber Defense Team verfügt über umfangreiche Erfahrung, wenn es um den Schutz hochsensitiver Informationen geht. Auf dieser Grundlage stellen wir unseren Kunden ein breites Spektrum an Dienstleistungen für das Informationssicherheits-Management bereit und unterstützen diese bei der Sicherstellung der permanenten Funktionsfähigkeit Ihrer unternehmenskritischen Infrastrukturen.
Ein konsequent risikobasierter Ansatz gewährleistet den wirksamen Schutz von Informationen. Zu unseren Services gehören das Erstellen von Risikoanalysen und hoch moderner Überwachungs- und Schutzkonzepte. Wir machen den Cyber Space sichtbar und schaffen Möglichkeiten zur präventiven Gefahrenabwendung. Unsere innovativen Lösungen dienen der Analyse und Visualisierung Ihres Netzwerkverkehrs: Verdächtiger Datenverkehr und auffällige Kommunikationsmuster können so rechtzeitig erkannt und entsprechende Maßnahmen ergriffen werden. Vertrauliche Daten bleiben vertraulich, verfälschte Informationen werden als Fälschungen erkannt – und Sie können sich auf das Funktionieren Ihrer kritischen Infrastrukturen jederzeit verlassen.

Neu:

Realer Schutz im virtuellen Raum

Die wunderbare Welt der Vernetzung macht vieles schnell möglich: schneller Datenaustausch, schneller Wissenszuwachs, schnelle Kommunikation. Schneller als man denkt kann sie aber auch in eine fundamentale Bedrohung münden. Das wissen wir spätestens seit 2007. Wegen eines Hackerangriffs musste in Estland buchstäblich das gesamte Internet abgeschaltet werden. Der virtuelle Raum wurde zum realen Albtraum.

Heute sind sich alle Sicherheitsexperten längst einig:
Das Cyber Space verlangt nach Cyber Defense.

Das *Name* Cyber Defense Team verfolgt einen konsequent risikobasierten Ansatz, um Informationen zu schützen. So sichern Sie hochsensible Daten und damit Ihre Unternehmenswerte.
Auf großer Erfahrung gründet sich ein breites Spektrum an Dienstleistungen für ein umfassendes Informationssicherheits-Management:

- Sie stellen sicher, dass Ihre unternehmenskritischen Infrastrukturen zu jedem Zeitpunkt uneingeschränkt funktionieren.
- Sie erhalten Risikoanalysen und profitieren von hochmodernen Überwachungs- und Schutzkonzepten.

<u>Machen Sie das Cyber Space sichtbar –
um Gefahren abzuwehren, ehe sie entstehen.</u>

Dank unserer innovativen Lösungen analysieren und machen Sie sichtbar, was in Ihrem Netzwerk passiert: Sie können so verdächtigen Datenverkehr und auffällige Kommunikationsmuster rechtzeitig erkennen und entsprechende Maßnahmen ergreifen. Ihre vertraulichen Daten bleiben vertraulich, verfälschte Informationen werden als Fälschungen erkannt.

Punkt 5 Wechseln Sie die Perspektive
Die Fähigkeit des Perspektivwechsels erwerben Kinder in aller Regel im Alter von vier Jahren. Ab da sind sie in der Lage, sich in die Rolle anderer zu versetzen. Offensichtlich verlernen dies einige Fachleute während ihrer vielen Berufsjahre. Sie sprechen zu gerne von sich und vernachlässigen ihr Gegenüber.

Daher zur Erinnerung: Auch wenn alte Erziehungsregeln aus der Mode zu kommen scheinen, so ist doch was an ihnen dran. Der Esel nennt sich selbst zuerst. Würdigen Sie Ihre Gesprächspartner. Nicht nur wegen der Höflichkeit, sondern auch wegen der Wirkung.

ÜBUNG: Schreiben Sie die Sätze, indem Sie die Perspektive wechseln – vom Wir zum Sie:

a   *Sehr geehrte Frau Baumann, Ihr Schreiben vom 07.03. haben wir erhalten.*
b   *Wir werden Ihnen in den nächsten Tagen entsprechende Formulare zusenden.*
c   *In der Präsentation haben wir für Sie alles Wesentliche zusammengestellt*
d   *Wir möchten auf die Überweisung der ausstehenden Beiträge aufmerksam machen.*
e   *Diesem Schreiben wurden vorbereitete Formulare zur Überweisung beigefügt.*

LÖSUNG:
a   Sehr geehrte Frau Baumann, vielen Dank für Ihr Schreiben vom 07.03.
b   Sie erhalten unsere Formulare in den nächsten Tagen.
c   Sie finden alles Wesentliche in der Präsentation.
d   Bitte überweisen Sie uns noch die Beiträge für den Monat .../ für die Monate ... .
e   Mit diesem Schreiben erhalten Sie unsere Formulare. Damit überweisen Sie bitte ...

WICHTIG:
Das heißt nicht, dass Sie das Wort »wir« gänzlich aus Ihrem Wortschatz verbannen sollten. Es gibt auch das inkludierende »Wir« (»Wir sitzen alle im selben Boot«), welches ein positives Gefühl des Zusammenhalts erzeugt.

Punkt 6 **Führen Sie schriftliche Gespräche.**
Viele Ärzte und Bänker mussten es bereits lernen: In der heutigen Kommunikation sind Hierarchie-Ebenen fehl am Platz. Sie verläuft nicht von oben nach unten, vom Experten zum Laien, vom VIP zum Normalo. Weitere Branchen werden folgen – wenn sie gehört werden wollen. Das Sender-Empfänger-Modell reicht heute nicht mehr aus. Texte müssen Beziehungen aufbauen. Denn im vielleicht kommunikativsten Zeitalter aller Zeiten besitzen Rezipienten eine andere Anspruchshaltung und daher auch ein verändertes Leseverhalten. Moderne Texte führen schriftliche Gespräche. Dazu bieten sich folgende Möglichkeiten an:

— Sie stellen dem Leser Fragen.
— Sie stellen dem Leser rhetorische Fragen.
— Sie stellen dem Leser Fragen und geben Ihre Antwort.
— Sie drücken Ihre Verbundenheit mit dem Leser aus.
— Sie thematisieren Wünsche / Herausforderungen des Lesers.
— Sie stellen die Relevanz für den Leser in den Vordergrund.
— Sie greifen mögliche Reaktionen des Lesers auf.

BEISPIELE: **Formulieren Sie zu jedem der Vorschläge einen Beispielsatz.**

____Sie stellen dem Leser Fragen:
»*Möchten Sie noch mehr Informationen?*«

____Sie stellen dem Leser rhetorische Fragen:
»*Geht es Ihnen auch so?*«
»*Diese Situation kennen Sie doch bestimmt auch: …?*«

____Sie stellen dem Leser Fragen und geben Ihre Antwort:
»*Wünschen Sie ein Angebot? Das schicken wir Ihnen gerne.*«

____Sie drücken Ihre Verbundenheit mit dem Leser aus:
»*Sie haben recht, wenn Sie sich mehr Transparenz wünschen.*«

____Sie thematisieren Wünsche / Herausforderungen des Lesers:
»*Auch Sie wünschen sich vielleicht einfachere Systeme.*«

____Sie stellen die Relevanz für den Leser in den Vordergrund:
»*Die neue Regel betrifft auch Sie.*«
»*Das geschieht auch in Ihrem Interesse.*«

____Sie greifen mögliche Reaktionen des Lesers auf:
»*Seit dem 1. Januar gelten neue Richtlinien. Was, wenn Sie nicht damit einverstanden sind?*«

Punkt 7 Finden Sie die Insights (Kundenbedürfnisse).

Was macht den Unterschied aus zwischen diesen beiden Sätzen?

»*Stretch-Jeans, 49 Euro*« und
»*Mogelt locker mal 3 Kilo weg: Stretch-Jeans, 49 Euro*«

Der Zweite verkauft locker mal 90.000 Jeans mehr. Warum? Nun, warum kaufen Sie ein Produkt? Um die Leistung des Entwicklers zu honorieren, um der Firma einen Gefallen zu tun, oder, um sich einen Wunsch oder ein Bedürfnis zu erfüllen?

In aller Regel kaufen Sie doch ein Produkt, weil sie sich davon ein Vorteil oder einen Nutzen erhoffen. Und nicht, weil Sie finden, es wäre an der Zeit, einem Unternehmen mal wieder eine Finanzspritze zukommen zu lassen.

Wie sollte ein edles Parfum beworben werden? Stellen Sie sich einen Chemiker vor, der sich Ihnen im weißen Kittel in einem sterilen Labor präsentiert und Folgendes verkündet:

»*Gönnen Sie sich etwas ganz Besonderes: die Überdosis eines 1:1:1 Akkords der Aldehyde C-10 (Decanal), C-11 (Undecanal) und C-12 (Dodecanal).*«

Klingt seltsam? Dabei zeichnet genau dieser Fakt für den Duft von CHANEL N°5 verantwortlich. Zumindest laut Wikipedia.
Die detaillierte chemische Zusammensatzung des Duftwässerchens ist aber abstrakt, technisch, nüchtern – und nicht emotional. Zudem spricht sie nicht die konkreten Bedürfnisse der Kundinnen an. Auch der eigentliche Zweck eines Parfums scheint als Werbebotschaft nicht zu ziehen. Denn dieser besagt, dass die Mischung aus Alkohol und bestimmten Riechstoffen den Körpergeruch verändern oder überdecken soll.

TEST: Warum sollte eine Frau aber ein Parfum besitzen wollen?

____*Dieser Duft ist so betörend, dass er meine Attraktivität steigert.*
____*Dieser Duft gefällt mir, ich fühle mich wohl damit.*
____*Dieser Duft passt zu mir, er unterstreicht meine Persönlichkeit.*
____*Dieser Duft ist purer Luxus, damit setze ich Akzente.*
____*Dieser Duft ist eine faszinierende Leistung moderner Chemie.*

Sie halten dieses Beispiel für überzogen? Ist es nicht. Zu oft preisen Anbieter ihre neuen Produkte mit der Einstellung an: »Wir machen es, weil wir es können.« Sie müssen jedoch die Wünsche, Bedürfnisse, Herausforderungen, Sehnsüchte, Träume thematisieren. In der Fachwelt gibt es dafür einen Begriff: Insights.

Um die Insights herauszufinden, müssen Sie die Perspektive wechseln und aus der Sicht der Kunden denken und formulieren. Was wünsche ich mir als Kunde von einem bestimmten Produkt oder Unternehmen? Wo kann es mir helfen?

ÜBUNG: Finden Sie den Unterschied zwischen Fakten und Insights?

1. *Wir besitzen über 2.000 Shops im gesamten Bundesgebiet.*
2. *Jetzt gibt's das beste Netz aller Zeiten.*
3. *Dein Selfie geht raus, von wo du willst.*
4. *Jedes Jahr ein neues Handy?*
5. *Neu: 100.000 Kilometer Glasfaser.*
6. *Fußball gucken, wo immer du willst.*
7. *Unser Netz profitiert von 23.000 Funkmasten.*
8. *Im Urlaub soll's nicht teurer sein.*

LÖSUNG: Insights sind die Nummern 2, 3, 4, 6, 8

Punkt 8 Animieren Sie Kunden zum Handeln

Eine alte Regel aus dem Direktmarketing lautet, vereinfacht gesprochen: Wenn du willst, dass der Kunde etwas Bestimmtes tut, dann sag ihm das auch. Es reicht nicht, Andeutungen zu machen, Ansagen sind wirkungsvoller. Wie man Kunden zum Handeln animiert, dafür gibt es ein paar bewährte Regeln. Nicht neu, aber noch immer gut. Sie führen den Leser am besten mit der **AIDA**-Formel.

A = Attention: Erzeugen Sie Aufmerksamkeit, zum Beispiel durch eine Headline, die in den Text hinein zieht. Sie soll in 1,5 Sekunden Spannung aufbauen und Nutzen versprechen, also beim Leser den Wunsch wecken, weiterzulesen. Das schaffen Sie, indem Sie eine Frage stellen oder Formulierungen verwenden, die neugierig machen.

I = Interest: Greifen Sie Gedanken, Bedürfnisse und Wünsche der Leser gleich in den ersten Sätzen auf. Bauen Sie Verständnis auf. Versetzen Sie sich in die Lage des Lesers.

D = Desire: Wecken Sie (neue) Wünsche. Oder machen Sie Lösungsvorschläge, die dem Leser entgegenkommen. Packen Sie diese Vorschläge in eine zielgruppenorientierte Sprache. Nehmen Sie Ihre Leser ernst. Arbeiten Sie den Mehrwert heraus.

A = Action: Fordern Sie den Leser zum Handeln auf.

Original: aus einer Azubi-Stellenanzeige

Innovationen für die Zukunft

Bei XY werden fast täglich neue elektrotechnische Produkte entwickelt. Die braucht man im Wesentlichen als Verbindungstechnik in der Industrie und auch zum Schutz von Geräten und Anlagen vor Überspannungen, wie sie zum Beispiel durch Blitzschlag auftreten. Dazu kommen Produkte für die Automatisierungstechnik, welche die Datenkommunikation übernehmen. Außerdem bieten wir Module zur Signalanpassung rund um die Steuerung an.

Ein Weltmarktführer in der Elektrotechnik

Die Produkte von XY sind auf der ganzen Welt sehr gefragt. Deshalb gibt es uns in über 47 Ländern. Insgesamt beschäftigen wir mehr als 9.900 Mitarbeiterinnen und Mitarbeiter!

Textüberarbeitung nach der AIDA-Formel:

Entwickle faszinierende Technik, entwickle Begeisterung, entwickle Deine Zukunft.

Wusstest Du, dass sich weltweit über vier Millionen Blitze entladen? Täglich! Dies ist ein Grund, weshalb die Industrie eine Top-Technik benötigt. Um ihre Geräte und Anlagen zuverlässig vor Überspannungen zu schützen. Wir von XY liefern diese Technik in die ganze Welt. Doch das ist noch nicht alles. Unsere Produkte sichern zum Beispiel auch die Übertragung von Daten oder helfen, Maschinen zu steuern.

Elektrotechnik sichert die Zukunft – und ist deshalb weltweit gefragt. XY ist in 47 Ländern zu Hause und beschäftigt 9.900 Mitarbeiterinnen und Mitarbeiter. Es gibt aber noch genügend Platz für kluge Köpfe.

Kannst auch Du Dich für die spannende Arbeit bei einem Global Player der Elektrotechnik begeistern? Dann bewirb dich jetzt!

Vorteile für sich selbst zu finden und auszunutzen ist in der Genetik des Menschen einprogrammiert. Schließlich sicherte diese Veranlagung das Überleben. Das sollte auch beim Texten berücksichtigt werden: Der Leser sucht das, was ihn weiterbringt.

Daher sind seine Bedürfnisse das A und O des Textes (siehe Insight finden). Welche könnten das sein? Das **4-P-Modell** hilft weiter. Demnach strebt der Mensch nach Pride, Pleasure, Profit und Peace. Folgende Motive stecken hinter den vier Begriffen:

Profit: Gewinn erzielen, Geld verdienen oder sparen, mehr Zeit haben, Arbeit erleichtern.
Pride: Stolz, Image, Up-to-date-Sein, Anerkennung.
Pleasure: Komfort, Bequemlichkeit, Spaß und Lebensfreude, Sehnsüchte, Individualität.
Peace: Gesundheit, Sicherheit, Beseitigung von Risiken, Sorgenfreiheit, Kritik vermeiden.

Profit
— Wie viel mehr Zeit habe jetzt für andere Dinge?
— Wie viel Geld lässt sich damit verdienen?
— Wie viel Geld oder Zeit spare ich ein?
— Wie, wo, in welchem Umfang erleichtert das Produkt / die Dienstleistung meine Arbeit? Mein Leben? Meinen Alltag?

Pride
— Wie wird das Produkt mein Image steigern?
— Gewinne ich damit Anerkennung und Bewunderung bei der Konkurrenz?
— Wirke ich mit diesem Produkt attraktiver, erfolgreicher?
— Was macht mich up-to-date?

Pleasure
— Warum habe ich es durch das Produkt oder die Dienstleistung bequemer?
— Wie steigert das Produkt / die Dienstleistung Spaß und Lebensfreude?
— Was daran unterstreicht meine Individualität?
— Welche Sehnsüchte stillt das Produkt / die Dienstleistung?

Peace
____Wie, warum, wodurch gibt das Produkt/die Dienstleistung mir mehr Sicherheit? Im Leben, im Beruf oder für mein Unternehmen?
____Warum fühle ich mich jetzt wohler?
____Welche Risiken, welche Sorgen, welchen Ärger vermeidet mir das Produkt/die Dienstleistung?
____Wer empfiehlt mir das Produkt oder die Dienstleistung? (Und gibt damit mehr Sicherheit für eine gute Entscheidung.)

Achten Sie beim Texten stets
____auf eine gelungene Headline
____auf einen starken Einstieg
____auf einen motivierenden Mittelteil
____auf eine Handlungsaufforderung zum Schluss
____auf ein Kundenversprechen
____auf eine lückenlose Darstellung aller Features

Zu guter Letzt:
Hier sehen Sie noch einen Text, der alles vereint, was nicht reingehört: Länge, Wir-Sicht, Kompliziertheit, Unfreundlichkeit.

Sehr geehrter Herr Musterkunde,

wir bestätigen Ihnen den Erhalt Ihres Antrags auf einen Netzanschluss.

Bevor Sie Zugang zu unseren Leitungsnetzen der Versorgung erhalten, muss noch ein Vertrag zwischen uns als Netzbetreiber und Ihnen als Anschlussnehmer abgeschlossen werden. Daher senden wir Ihnen heute das notwendige Vertragswerk.
Den von der Firma GmbH vorunterzeichneten Netzanschlussvertrag haben wir in zweifacher Ausfertigung beigefügt. Wir bitten Sie, die im Netzanschlussvertrag angegebenen Kundendaten auf Richtigkeit zu überprüfen bzw. die Kundendaten zu vervollständigen und uns ein von Ihnen gegengezeichnetes Exemplar des Vertrages zurückzusenden.
Erst wenn die Unterlagen vollständig bei uns eingetroffen sind, ist uns eine Bearbeitung möglich.
Sollten Sie Fragen haben, können Sie mich jederzeit anrufen.

Trauen Sie sich, diesen Text umzuformulieren.

Unser LÖSUNGSVORSCHLAG:

Herzlich willkommen
Ihren Stromanschluss bekommen Sie ganz einfach

Guten Tag Herr Musterkunde,

vielen Dank für Ihren Antrag. Sehr gerne schließen wir Ihr Gebäude an das Stromnetz an.

Natürlich soll der Strom schon recht bald bei Ihnen fließen. Deshalb erhalten Sie heute Ihren Netzanschlussvertrag. Bitte **unterschreiben Sie beide** Exemplare und **schicken uns eins zurück.** Sobald der Vertrag wieder bei uns ist, legen wir für Sie los.

Haben Sie Fragen? Rufen Sie an unter:
Frau Musterexpertin berät Sie gerne.

Freundliche Grüße

Zusammenfassung:
Eine Corporate Language verbessert die Kommunikation und Ihre Erfolgsaussichten, indem sie Sprache verständlicher und attraktiver macht. Sie stellt Ihre Kunden in den Mittelpunkt und thematisiert deren Insights.

Arbeiten Sie wirklich effizient?

Wie viel Arbeit das Texten mit sich bringt, hängt auch von den Rahmenbedingungen ab. Wo wird getextet? Intern oder extern? Wer textet? Immer dieselben Mitarbeiter oder Agenturen oder frei Beschäftigte oder wechseln sich die Texter ab? Wer erstellt die Briefings und nach welchen Kriterien? Wer nimmt die Texte ab und nach welchen Kriterien? Wer koordiniert die Kommunikation? Eine Corporate Language vereinfacht all diese Prozesse. Sie spart Zeit, Kosten und Nerven.

1. TIPP:
Stellen Sie sicher, dass alle Texter und Textverantwortlichen dieselbe Auffassung von Stil und Qualität besitzen:

____durch einen Sprachleitfaden
____durch Schulungen/Seminare/Workshops
____durch elektronische Hilfen
____durch Meetings

2. TIPP:
Schaffen Sie sich eine Basis für die Textgestaltung

____Arbeiten Sie mit Mustertexten.
____Arbeiten Sie nach Textmustern.
____Legen Sie sich eine Sammlung an Textbausteinen an.

3. TIPP:
Bei Corporate Language denken viele an Texte für Marketing und Vertrieb. Dabei gibt es noch mehr schreibende Abteilungen in Unternehmen. Etwa PR (Public Relations), HR (Human Resources) oder CRM (Customer Relationship Management). Denken Sie daran, dass sich alle sprachlich miteinander abstimmen.

Sie werden sehen, dass Ihnen so einige Geschmacksdiskussionen und Korrekturschleifen erspart bleiben.

Anhang

217 — Danke.
218 — Autoren.
220 — Literaturliste.
221 — Copyright.
222 — Quellenangaben.
224 — Impressum.

Danke.

An alle, die uns mit Kopf, Hand und Herz zur Seite standen und uns Türen geöffnet haben, die sonst für uns verschlossen geblieben wären. Beispielhaft sind hier genannt:

Carina Hilt, Sonja Wünkhaus, Michael Oelmann, Bernd Eilitz, Anna Schäfer, Dr. med. Eckhard Schank und Michaela Staudt. An alle Kunden, die uns ihre Zeit für ein Interview geschenkt haben. An alle Kollegen, die uns bei den Info-Grafiken geholfen haben. An Karin und Bertram Schmidt-Friderichs für ihr Vertrauen und ihre Geduld.

Armin Reins und Veronika Classen arbeiten seit vier Jahrzehnten in der Kommunikationsbranche. Sie streiten jeden Tag selbst für bessere Qualität in ihrer eigenen Agentur REINSCLASSEN. Die Markenberatungs- und Werbeagentur mit Sitz in Hamburg, Frankfurt und Baden-Baden gehört zu den am meisten mit Awards ausgezeichneten B2B-Agenturen Deutschlands. 2018 gewannen sie für ihr Corporate-Language-Modell einen Goldenen Effie beim GWA. Zu ihren Kunden gehören unter anderen VODAFONE, NIVEA, SIEMENS, KNAPPSCHAFT und HAUFE-LEXWARE. Beide haben zahllose nationale und internationale Kreativ- und Effizienzpreise gewonnen.

  Darüber hinaus engagieren sie sich schon lange für eine bessere Qualität in der Ausbildung. 1998 haben sie die Texterschmiede e.V. gegründet, die erste praxisorientierte Schule für den deutschen Texter-Nachwuchs. Beide schreiben Bücher: Von Armin Reins erschienen 2003 »Die Mörderfackel« und 2006 »Corporate Language« im Verlag Hermann Schmidt. Im selben Verlag veröffentlichen beide 2010 »Die Sahneschnitte« und 2015 zusammen mit Géza Czopf »TEXT $ELLS« (auch als E-Book erhältlich). 2007 erschien als FISCHER Taschenbuch »Deutsch für Inländer – Die 15 neuen Deutschs«.

Géza Czopf hat nach seinen Staatsexamina in Germanistik und Politologie mehrere Jahre als Zeitungsjournalist und Dozent gearbeitet. So lehrte der »gelernte« Deutschlehrer an diversen Akademien, um beispielsweise angehende Betriebswirte in Kommunikation und Rhetorik zu unterrichten. Oder Fremdsprachensekretärinnen eine anregende und moderne Textgestaltung beizubringen.

Seit 1999 schrieb er parallel für den Hörfunk und hat zahlreiche Hörspiele für den SÜDWESTDEUTSCHEN RUNDFUNK verfasst. Weil Lehre, Journalismus und Belletristik ihm als Spielfeld nicht genug erschienen, startete er eine Laufbahn in der Werbung. Nach vielen Stationen in unterschiedlichen Agenturen gelangte er 2007 schließlich als Creative Director zu REINSCLASSEN. Seitdem leitet er die Dependance in Baden-Baden und verhilft Unternehmen in allen Branchen zu einer eigenständigen Corporate Language. Für seine Arbeiten als Hörspielautor und Kreativer wurde er mehrfach ausgezeichnet.

Alle drei bieten auch Inhouse-Seminare an. Sowohl zum Thema »Corporate Language« als auch zu »Bessere Texte im B2B« oder »Digitales Storytelling«. Wenn Sie sich für die Seminare interessieren, erhalten Sie gerne weitere Informationen unter www.reinsclassen.de

Literaturliste.

Armin Reins
Corporate Language. Wie Sprache über Erfolg oder Misserfolg von Marken und Unternehmen entscheidet, VERLAG HERMANN SCHMIDT, Mainz, 2006.

Armin Reins, Veronika Classen und Géza Czopf
Text $ells. Wie Sie Texte schreiben, die wirken. Wie Sie Unternehmen und Marken durch Sprache Profil geben, VERLAG HERMANN SCHMIDT, Mainz, 2015. Auch als E-Book erhältlich.

Tilo Dilthey
Text-Tuning. Das Konzept für mehr Werbewirkung, BUSINESSVILLAGE, Göttingen, 2014.

Doris Doppler
Werbetexte Basics. Die Grundlagen guter Werbetexte, KINDLE EDITION, 2012.

Anne Grabs, Karim-Patrick Bannour und Elisabeth Vogl
Follow me! Erfolgreiches Social Media Marketing mit FACEBOOK, INSTAGRAM und Co., 5. A., GALILEO COMPUTING, Bonn, 2018.

Nina Janich
Werbesprache. Ein Arbeitsbuch, NARR STUDIENBÜCHER, Tübingen, 2013.

Inga Ellen Kastens
Linguistische Markenführung. Die Sprache der Marken – Aufbau, Umsetzung und Wirkungspotenziale eines handlungsorientierten Markenführungsansatzes, LIT, Berlin, 2008.

Werner Kroeber-Riel und Franz-Rudolf Esch
Strategie und Technik der Werbung. Verhaltenswissenschaftliche und neurowissenschaftliche Erkenntnisse, KOHLHAMMER EDITION MARKETING, 8. A., Stuttgart, 2015.

Inghard Langer, Friedemann Schulz von Thun, Reinhard Tausch
Sich verständlich ausdrücken, 10. A., ERNST-REINHARD VERLAG, München/Basel, 2015.

Miriam Löffler
Think Content! Content-Strategie, Content-Marketing, Texten fürs Web, GALILEO COMPUTING, Bonn, 2014.

Petra Sammer
Storytelling. Strategien und Best Practices für PR und Marketing, O'REILLY, Heidelberg, 2017.

Wolf Schneider
Deutsch! Das Handbuch für attraktive Texte, ROWOHLT, Reinbek bei Hamburg, 2007.

Bernhard von Mutius
DISRUPTIVE Thinking, GABAL, Offenbach, 2. A., 2018.

Hermann H. Wala
Meine Marke: Was Unternehmen authentisch, unverwechselbar und langfristig erfolgreich macht, REDLINE, München, 2011.

Copyright-Hinweis.

Alle Rechte, auch die des auszugsweisen Nachdrucks in Teilen, Vervielfältigungen im Ganzen oder der Verwertung in Seminaren vorbehalten, mit Ausnahme des
im UrhG geregelten Zitaterechts mit vollständiger Quellenangabe. Jede weitere Verwertung, auch in jeglicher elektronischen Weise, nur mit ausdrücklicher Genehmigung der Urheber.

Das Modell der Corporate Language ist urheberrechtlich geschützt.
CL®
CL-Sprachstilgruppen®
CL-Sprachdatenbank®
CL-Manual®
CL-App®
CL-Sprachpositionierung®
CL-Best-Copy-Index®
CL-Sprachinventur®
CL-Name Development®
CL-E-Learning®
CL-Textmaster®
sind registrierte Wort- und Wortbildmarken.

Quellenangaben.

1 https://de.wikipedia.org/wiki/Radiowerbung

2 https://www.journalofaccountancy.com/newsletters/2018/apr/how-often-use-phone-every-day.html

3 https://www.absatzwirtschaft.de/die-studien-der-woche-werbewirkung-budgeterhoehung-und-internetnutzung-62831/

4 https://medium.com/stocktrek/spotify-wants-to-become-the-netflix-of-audio-cc3ded7c170e

5 https://www.werbewoche.ch/digital/2019-03-26/podcast-addressable-audio-co-die-fuenf-wichtigsten-audio-trends

6 https://www.mobilegeeks.de/news/smart-speaker-bis-ende-2018-sind-weltweit-ueber-100-millionen-geraete-installiert/

7 https://techcrunch.com/2018/01/05/google-says-it-sold-a-google-home-device-every-second-since-october-19/

8 https://www.welt.de/kmpkt/article185701264/Amazons-Alexa-Papagei-gibt-selbststaendig-Online-Bestellung-auf.html

9 https://www.grandviewresearch.com/press-release/global-voice-recognition-industry

10 https://www.fastcompany.com/90305949/mastercard-just-launched-a-sonic-logo-heres-what-it-sounds-like

11 https://de.wiktionary.org/wiki/Fleischgewicht

12 https://gfds.de/erfolge-und-misserfolge-des-lexikalischen-purismus-in-deutschland-zur-zeit-des-allgemeinen-deutschen-sprachvereins-und-heute/#footnote-1769-44-backlink

13 https://vds-ev.de/wp-content/uploads/2015/10/sprachpanscher_2007.pdf

14 https://wortschaetze.uni-graz.at/de/wortschaetze/wehrkultur/

15 https://www.deutsche-apotheker-zeitung.de/daz-az/2010/daz-14-2010/worte-koennen-schmerzen-zufuegen

16 https://www.welt.de/print/wams/wirtschaft/article117370284/Wie-die-Bahn-versucht-mit-der-deutschen-Sprache-Frieden-zu-schliessen.html

17 https://www.presseportal.depm/52540/2685450

18 http://www.spektrum.de/news/wie-gender-darf-die-sprache-werden/1492931

19 https://www.mittelalter-lexikon.de/wiki/W%C3%B6chner

20 46 % der Artikel deutscher Substantive sind feminin, 20 % neutral, 34 % maskulin, vgl. https://www.duden.de/sprachwissen/sprachratgeber/Die-Verteilung-der-Artikel-Genusangabe-im-Rechtschreibduden

21 über die Entwicklung des Genussystems im Deutschen: http://www.belleslettres.eu/content/deklination/genus-gendersprech.php

22 die Bundesärztekammer spricht seit 2015 von »Varianten / Störungen der Geschlechtsentwicklung«, siehe in: Deutsches Ärzteblatt, 30. Januar 2015 doi:10.3238/arztebl.2015.stn_dsd_baek_01

23 https://jam.aktion-mensch.de/verstehen/wie-viele-geschlechter.html

24 https://www.sueddeutsche.de/panorama/eil-bundesverfassungsgericht-fordert-drittes-geschlecht-im-geburtenregister-1.3740223
rauen-duerfen-weiter-Kunde-genannt-werden.html

25 Ab dem 22. Dezember 2018 gibt es die Möglichkeit das Geschlecht auf »divers« eintragen zu lassen. Bis zum Mai 2019 wurde in etwa 150 Fällen davon Gebrauch gemacht. Hochgerechnet entspricht das einem Anteil von 0,00019 % der Bevölkerung, vgl. https://www.aerzteblatt.de/nachrichten/102938/Zahl-der-Menschen-mit-drittem-Geschlecht-geringer-als-angenommen

26 https://www.welt.de/vermischtes/article174490146/BGH-Urteil-Frauen-duerfen-weiter-Kunde-genannt-werden.html

27 https://www.zeit.de/2010/16/Sprache-Tabu/komplettansicht

28 vgl. »Leitfaden für eine geschlechtergerechte Sprache«, LH München, Referat für Stadtplanung und Bauordnung, 2014

29 vgl. http://www.sprachlog.de/2018/06/09/gendergap-und-gendersternchen-in-der-gesprochenen-sprache/

30 https://www.welt.de/kultur/article170857223/Frankreichs-Premier-verbietet-Gender-Schreibweisen.html

31 https://www.boersenblatt.net/2019-04-05-artikel-umfrage_zur_genderge-rechten_sprache.1635567.html

32 http://www.rechtschreibrat.com/DOX/rfdr_PM_2018-11-16_Geschlechtergerechte_Schreibung.pdf

Impressum.

© 2020
Verlag Hermann Schmidt und bei den Autoren

Alle Rechte vorbehalten.
Dieses Buch oder Teile dieses Buches dürfen nicht ohne die schriftliche Genehmigung des Verlages vervielfältigt, in Datenbanken gespeichert oder in irgendeiner Form übertragen werden.

Gestaltung: Eva Finkbeiner
Satz: Julia Heuel
Lektorat: Karin Schmidt-Friderichs
Korrektorat: Karoline Deißner
Verwendete Schriften: Basier Circle, Ivar Text
Papier: Inhalt: 130g/m² Fly 05
Umschlag: 160g/m² Irisleinen Ockergelb
Gesamtherstellung: Kösel, Altusried

Stay tuned!
Alle zwei bis vier Wochen versenden wir Newsletter, in denen wir über aktuelle Neuerscheinungen, Veranstaltungen und Aktionen informieren.
Abonnieren auf
www.verlag-hermann-schmidt.de

verlag hermann schmidt

Gonsenheimer Straße 56 · 55126 Mainz
Tel. 06131/50 60 0
Fax 06131/50 60 80
info@verlag-hermann-schmidt.de
facebook: Verlag Hermann Schmidt
twitter/instagram: VerlagHSchmidt

ISBN 978-3-87439-881-7
Printed in Germany with Love.

Wir übernehmen Verantwortung.
Nicht nur für Inhalt und Gestaltung, sondern auch für die Herstellung.

Das Papier für dieses Buch stammt aus sozial, wirtschaftlich und ökologisch nachhaltig bewirtschafteten Wäldern und entspricht deshalb den Standards der Kategorie »FSC Mix«. Zur CO2-Kompensation wurden durch ClimatePartner Bäume in Deutschland gepflanzt.

Die Druckerei Kösel ist FSC- und PEFC-zertifiziert. FSC (Forest Stewardship Council) und PEFC (Programme for the Endorsement of Forest Certification Schemes) sind Organisationen, die sich weltweit für eine umweltgerechte, sozialverträgliche und ökonomisch tragfähige Nutzung der Wälder einsetzen, Standards für nachhaltige Waldwirtschaft sichern und regelmäßig deren Einhaltung überprüfen. Durch die Zertifizierung ist sichergestellt, dass kein illegal geschlagenes Holz aus dem Regenwald verwendet wird, Wäldern nur so viel Holz entnommen wird, wie natürlich nachwächst, und hierbei klare ökologische und soziale Grundanforderungen eingehalten werden.

»Die Zukunft sollte man nicht vorhersehen wollen, sondern möglich machen.«
Antoine de Saint-Exupéry

Bücher haben feste Preise!
In Deutschland hat der Gesetzgeber zum Schutz der kulturellen Vielfalt und eines flächendeckenden Buchhandelsangebotes ein Gesetz zur Buchpreisbindung erlassen. Damit haben Sie die Garantie, dass Sie dieses und andere Bücher überall zum selben Preis bekommen: Bei Ihrem engagierten Buchhändler vor Ort, im Internet, beim Verlag. Sie haben die Wahl. Und die Sicherheit. Und ein Buchhandelsangebot, um das uns viele Länder beneiden.